주역 개론서

계사전 繫辭傳

우리말 번역 & 핵심내용 집중탐구

[改訂版]

– 계사전을 읽으면 주역의 골격이 드러나 보인다 –

이시환

새로운 세상의 숲
신세림출판사

주역 개론서

계사전 繫辭傳

우리말 번역 & 핵심내용 집중탐구

머리말

주역(周易)의 개론서라 할 수 있는 계사 상, 하전을 공들여 우리말로 번역했다. 주역 본문을 이해하기 위해서 먼저 읽어볼 필요가 있는 계사, 그 우리말 번역문이 없지 않으나 원문보다 더 어렵거나 난삽하게 느껴진다면 분명 번역상의 문제가 있으리라.

혹, 계사 24개 장 원문과 우리말 번역문을 처음부터 끝까지 제대로 읽고 싶어서 이 책을 손에 들었다면 당신은 이미 복을 받았다고 생각한다. 친절한 주석까지 꼼꼼하게 읽어보며 그 같은 사실을 확인하기 바란다.

역(易)의 기본개념으로부터 성립 배경, 원리, 구성요소, 기능 등에 이르기까지 두루 개괄되었다. 물론, 보충설명이 필요한 함축적인 표현도 적지 않지만, 이 계사(繫辭)를 읽고 난 뒤에

64괘 괘·효사(卦·爻辭)와 상사(象辭) 및 단사(彖辭)를 읽게 되면 훨씬 이해가 쉬워지리라 본다.

그리고 주역 본문을 읽고 나서 다시 이 계사를 읽어보면 주역 전반에 대한 이해가 더욱 깊어질 것이다. 그럼으로써 비로소 주역의 한계(限界)까지도 눈에 들어오리라 믿는다. 이쯤 되어야 주역을 한 차례 공부했다고 말할 수 있을 것이다.

여하튼, 이 작은 책이 그 어렵다는 주역의 몸통 안으로 들어가 그 골격을 어루만지는 관문마다 쉽게 문을 열 수 있는 키가 되기를 기대해 마지않는다.

2021. 06. 18.

이 시 환 씀

일러두기

---

1. 우리말 번역 텍스트로 삼은 계사 상, 하전은 현재 중국에서 사용되는 것으로 간체자를 정체로 바꾸어 놓았다.

2. 일부의 한자는 우리의 것과 다르게 표기되었고, 그것들은 주석에서 밝혀 놓았으나 원문의 괄호 ( ) 속 글자가 우리 주역에서 표기된 한자이다.

3. 생략된 한자를 넣어야만 문맥이 자연스러워지는 경우와 직역하면 부자연스러운 문장이 되어 의역이 불가피한 경우에만 번역문에서 괄호 속에 병기해 두었다.

4. 가능한 한 많은 한자에 대한 음(音)과 훈(訓)을 주석에 달아 놓아 누구나 쉽게 원문과 대조해가며 읽어볼 수 있도록 했다.

5. 각 장(章)의 핵심 내용을 간추려 주석 끝에 📢 표시하고서 정리해 놓았다.

6. 주석에서 대괄호 [ ] 속에 발음기호를 표시한 경우는 중국어 발음이다.

7. 우리말 번역문을 앞으로 내세우고, 그다음으로 원문을 싣
   고, 그 밑으로 주석을 달았다.
8. 우리말로 번역하면서 역자가 유념해 두었던 점들은 아래
   와 같다.

① 중문과 우리말의 어순(語順)이 다르다.
② 한자는 뜻글자이고, 자(字)마다 여러 의미가 있기에 문장의 앞뒤 문맥에
   따라 그 음(音)과 훈(訓)을 달리해서, 다시 말하면, 그 의미를 선택해서 해
   석해야 한다.
③ 현재 잘 쓰지 않는, 생경한 자(字)와 용어(用語)가 적지 않고, 널리 상용되
   어온 자도 전혀 다른 의미로 쓰이는 경우가 적지 않다.
④ 비유적 표현으로 사용된 문장의 용어에 대해서는 그 원관념과 보조관념을
   잘 분별해야 한다.
⑤ 중복(重複)해서 말할 필요가 없는 주어나 동사 등이 생략되었거나 동의어
   (同義語) 반복을 피하기 위한 용어 선택이 적지 않기에 이를 또한 잘 분별
   해야 한다.
⑥ 주역의 전체적인 내용을 모르면, 특히 효사(爻辭)의 내용을 모르면 일관된
   질서에 입각한 해석이 불가능하여 잘못 번역될 가능성이 크다.
⑦ 같은 의미의 글자이지만 그 뉘앙스가 달라서 같이 사용된 자가 있는데 그
   것까지 살려내어서 번역하려면 섬세한 언어 감각이 요구된다.

차례

계사 상전 繫辭 上傳

계사 하전 繫辭 下傳

계사전 총정리 & 핵심내용 집중탐구

[이 책 속에 수록된 도표 & 그림 목록]

繫辭 上傳

계사 상전

제1장~제12장

제1장

하늘은 높고 땅은 낮아서 건과 곤이 정해진다. 높고 낮음으로써 늘어서니 귀천이 자리한다. 움직임과 멈춤은 항상 있어서 강(강직함)과 유(부드러움)로 나누어진다. 방향에 따라(공간에서는) 유형별로 모이고, 물품에 따라 무리로 나뉘어서 길흉이 생긴다. 하늘에서는 상(뜻)이 정해지고, 땅에서는 형상이 정해지는 변화가 나타나 보인다. 이러함으로 강과 유가 서로 마찰하고, 팔괘가 서로 움직이어 천둥 번개로써 두드리고(깨우고) 비바람으로써 젖게 하며(윤택하게 하며), 해와 달이 운행하여 덥고 춥게도 한다.

건도는 남성을 이루고, 곤도는 여성을 이룬다. 건은 시작을 크게 주관하고, 곤은 만물을 지어서 완성한다. 건으로서 쉽게 드러내고, 곤으로서 간단하고 능숙하다. 쉬운즉 쉽게 알고, 간단한즉 쉽게 따른다. 쉽게 안즉 친숙함이 있고, 쉽게 따른즉 공로가 있다. 친숙함이 있다는 것은 오래 간다는 것이고, 공이 있다는 것은 가히 크다는 것이고, 가히 오래 간다는 것은 현인의 덕이며, 가히 크다는 것은 현인의 사업이다. (이처럼) 쉽고 간단하여 천하의 이치를 얻는다(깨닫게 된다). 천하의 이치를 얻으면 그 가운데에서 자리를 이룬다.

※ ( ) 속의 말은 의역, 생략된 말, 대체 가능한 말 등 세 가지중 하나이다(이하 동일).

하늘과 땅 곧, 건과 곤의 위상, 덕성, 작용, 특징 등을 언급했고, 동시에 이 건곤의 도(乾坤之道)를 현인(賢人)의 덕(德)과 업(業)으로 연계시켜 놓았다. 아울러, '天 - 乾 - 象 - 德 - 知 - 尊 - 剛 - 大, 地 - 坤 - 像 - 業 - 成 - 卑 - 柔 - 廣'이라는, 계사 집필자의 대비적 판단을 인지하면 역(易)을 이해하는 데 도움이 된다. 흔히, '역의 문(門)'이라고 말해지는 건괘(乾卦)와 곤괘(坤卦)를 함축적으로 설명했다. [건곤(乾坤)의 덕성을 설명하는 용어 일람표](15p.)를 참고하기 바람.

繫辭 上傳

第一章

天尊地卑, 乾坤定矣. 卑高以陳, 貴賤位矣. 動靜有常, 剛柔斷矣. 方以類聚, 物以群(羣)分, 吉凶生矣. 在天成象, 在地成形, 變化見矣. 是故剛柔相摩, 八卦相蕩(盪), 鼓之以雷霆, 潤之以風雨, 日月運行, 一寒一暑.

乾道成男, 坤道成女. 乾知大始, 坤作成物. 乾以易知, 坤以簡能, 易則易知, 簡則易從, 易知則有親, 易從則有功, 有親則可久, 有功則可大, 可久則賢人之德, 可大則賢人之業. 易簡而天下之理得矣. 天下之理得, 而成位乎其中矣.

※ ( ) 속의 한자는 중국과 달리 우리나라 계사전에서 사용된 글자를 표시한 것임(이하동일).

📢

- 斷(단) : 끊다, 결단하다, 나누어지다 등의 뜻이 있으나 여기서는 '나누어지다'로 해석하였음.
- 以(이) : ~써, ~에 따라, ~에 의해서, ~대로 뜻이 있음. 여기에서는 '~에 따라'로 해석하였음.
- 象(상) : 만물(萬物) 만상(萬象)을 내놓으려는 하늘의 뜻, 의지.
- 成(성) : 이루다, 이루어지다, 갖추어지다, 우거지다, 익다, 일어나다, 다스리다, 완성하다 등 많은 뜻이 있으나 여기서는 '정하여지다', '완성하다'로 해석하였음.
- 知(지) : 알다, 알리다, 나타내다, 맡다, 주재하다, 주관하다, 대접하다, 사귀다 등의 뜻이 있음. 여기서는 '주관하다'로 해석하였음.
- 群(군) : 한국에서는 '羣(군)'으로 표기되었으나 그 뜻은 같음.
- 蕩(탕) : 한국에서는 '盪(탕)'으로 표기되었으나 그 뜻은 같음.

[건곤(乾坤)의 덕성을 설명하는 용어 일람표]

乾	天	陽	剛	健	大	知	尊	德	易	險	象	聖	男	君子
坤	地	陰	柔	順	廣	成	卑	業	簡	阻	像	君	女	小人
상,1장 상,5장 상,6장 상,11장 상,12장	상,4장 상,7장 상,9장		상,5장	하,12장 상,1장 하,6장 하,12장	상,6장	상,1장	상,1장	상,7장 하,5장	상,1장 하,1장	하,12장	상,1장	상,8장	상,1장	

'음양의 작용이 곧 도(道)이고, 도가 곧 역(易)이다'라는 것이 계사전 집필자의 판단이다.
그는 역을 설명하면서 위에 도식한 용어들을 사용했고, 이들은 같은 의미라고 보아도 틀리지 않는다.
다 건과 곤의 속성, 곧 그 의미, 작용, 덕성 등을 설명하는 말이기 때문이다.
바로 여기에서 건곤지도, 천지지도, 음양지도, 이간지도 등 일련의 용어가 나왔다.

이시환 작성 ⓒ 2021.06.30.

제2장

성인이 상을 꿰뚫어 보아 괘를 만들고, 말을 엮어서 길함과 흉함을 밝히었다. 강과 유가 서로 밀어서 변화가 생기는데 (그) 변화라고 하는 것은 나아가고 물러남의 모습이고, 강과 유란 것은 낮과 밤의 모습이며, 여섯 효의 움직임이란 것은 삼극의 도이다. 이러한 까닭으로, 역에는 태극이 있고, 이것이 음양을 낳으며, 음양은 사상을 낳고, 사상이 팔괘를 낳는데, (이) 팔괘가 길함과 흉함을 결정하고, (그) 길흉이 큰 업을 낳는다.

팔괘로써 상을 알리고, 괘·효사로써 뜻을 말한다. 강과 유가 섞이어 머물며 길흉을 가히 나타내 보인다. 이러한 까닭으로, 길흉이란 것은 득실의 모습이고, 뉘우치고 원망하는 것은 근심 걱정하는 모습이다. 변화라고 하는 것은 나아가고 물러남의 모습이고, 강과 유란 것은 낮과 밤의 모습이며, 육효의 움직임은 삼재의 도이다. 이러한 까닭으로, 군자가 머무는데 편안함은 역의 차례에 있고, (군자가) 즐겁게 높은 효의 말씀에 있다. 이러한 까닭으로, 군자가 머문다는 것은 곧 괘상을 살피고, 그 효의 말씀을 익히는 것이고, (군자가) 움직인다는 것은 그 변화를 관찰하고, 그 점을 익히는 것이다. 이렇게 함으로써 하늘이 도와서 불리함이 없어 길하다.

역의 기본적 의미를 설명했고, 팔괘, 육효, 강유의 기능을 설명했으며, 역을 통해서 군자가 해야 할 일을 설명했다. 첫째, 상이 있어서 성인이 그것을 관찰하여 괘를 만들었고, 그 괘에 성인이 말씀을 붙여서 길흉을 밝히었다는 것이고, 둘째, 팔괘가 64개 괘의 상을 정하고, 길흉을 정하며, 육효는 삼재의 도로서 변화하여 진퇴를 결정하며, 강유가 주야를 변화시킨다는 것이다. 셋째, 군자의 편안함이 역의 순서에 있고, 군자의 즐거움이 효사를 음미함에 있으며, 군자의 움직임은 변화를 관찰하고 점을 익히는 일이라고 했다.

第二章

聖人設卦觀象, 系辭焉而明吉凶. 剛柔相推而生變化, 變化
者進退之象也, 剛柔者晝夜之象也, 六爻之動 三極之道也.
是故易有太極, 是生兩儀, 兩儀生四象, 四象生八卦, 八卦
定吉凶, 吉凶生大業.

八卦以象告 爻象以情言 剛柔雜居而吉凶可見矣. 是故吉
凶者 失得之象也, 悔吝者 憂虞之象也. 變化者進退之象
也, 剛柔者晝夜之象也, 六爻之動 三極之道也. 是故君子
所居而安者 易之序也, 所樂而玩者 爻之辭也. 是故君子居
則觀其象而玩其辭, 動則觀其變而玩其占. 是以自天佑之
吉無不利.

📢
- 聖人(성인) : 괘를 처음 만든 복희(伏羲) 씨와 괘에 괘사를 붙인 주(周) 문왕(文王)과 각 효에 효사를 붙인 주공(周公) 등을 말함.

- 三極之道(삼극지도) : '삼극(三極)'에 대해서는 여러 학문 분야(①주역 ②풍수지리 ③오행 등)에서 쓰고 있는 키워드인데 여기서는 육효의 구성원리와 관련하여 언급된 것이므로 천지인(天地人) 삼재(三才)를 말한다. 삼효(三爻) 단괘(單卦)에서 세 개의 효가 천지인을 상징하듯이, 단괘 두 개가 합쳐진 육효(六爻) 중괘(重卦)에서도 초효(初爻)와 삼효(三爻)가 지(地)를, 이효(二爻)와 사효(四爻)가 인(人)을, 삼효(三爻)와 상효(上爻)가 천(天)을 각각 상징한다. 바로 이런 이유에서 육효 간의 관계로써 서로 호응하는 짝을 따지게 된다. 그러나 육효를 한 덩어리, 그러니까, 독립된 세계로 보고서 초효와 이효가 지(地)를, 삼효와 사효가 인(人)을, 오효와 상효가 천(天)을 각각 상징한다고 보고서 육효 간의 관계와 괘사를 해석하기도 한다. 그러나 이것은 옳지 않다고 본다. 그러함에도 불구하고, 이런 식으로 임의 해석하는 것은 주어진 괘·효사를 전제로 꿰맞추기식 억지 해석인 궤변(詭辯)이 아닌가 싶다.

- 太極(태극) : 만물을 화생(化生) 시키는 음양(陰陽)으로 분리되기 전 상태가 태극(太極)이며, 이 태극을 낳는 모태는 천지가 열리기 전 혼돈(混沌) 상태의 무극(無極)이다. 결과적으로, 우주 만물을 존재하게 하는 근원적인 존재인 무극이 태극이 되고, 태극이 음양을 낳는 것으로 중국 고대인들은 믿었다.

- 兩儀(양의) : 양의는 원래 도교(道敎)와 관련 키워드로 중국 고전 철학에서는 음양(陰陽)을 일컬어 '양의'라고 했다. 천지가 열리기 전 일체가 혼돈의 상태에 있을 때가 무극(無極)이고, 이 무극은 태극을 낳고, 태극은 양의를 낳는다고 했으며, 이 양의가 곧 음양이다(天地初開, 一切皆爲混沌, 是爲无極, 无極生太極, 太極生兩儀,兩儀爲陰陽).

- 四象(사상) : 별자리와 방향에 대한 고대인의 인식으로 동(東) - 청룡(靑龍), 남(南) - 주작(朱雀), 서(西) - 백호(白虎), 북(北) - 현무(玄武) 등을 사상(四象)이라고 했다. 그러나 주역에서는 노양(老陽), 소음(少陰), 소양

(少陽), 노음(老陰)을 말한다. 우리나라에서는 '老(노)' 대신에 '太(태)'를 쓴다. 그런데 이 사상을 별자리와 결합하여 청룡 – 소양 – 봄, 백호 – 소음 – 가을, 현무 – 태음 – 겨울, 주작 – 노양 – 여름을 각각 나타낸다고 한다. 그러면서 이 사상이 연생(衍生→順行)하여 팔괘(八卦)를 낳는다고 한다.

- 君子(군자) : 임금, 왕, 군주 등 통치자를 의미하나, 학식과 덕망이 높은 사람으로까지 확대해석할 수는 있다. 실제로, 주역 64괘에서는 통치자를 염두에 두고 괘·효사와 彖辭(단사) 및 象辭(상사) 등이 붙여진 것으로 판단된다. 대상사에서 언급된 군자 실천덕목들만 보아도 알 수 있다. 관련 글은 이 책의 236~241페이지에 있음.

- 八卦(팔괘) : 乾(☰), 坎(☵), 艮(☶), 震(☳), 巽(☴), 离(☲), 坤(☷), 兌(☱)를 말함. 이 팔괘는 64개 괘를 낳는 인자(因子)로 너무 중요하기에 이곳에 미리 '팔괘 생성 원리와 성정표'와 '설계전에서 말하는 팔괘에 내재된 의미'를 붙여 소개한다. 익혀 놓기 바란다.

[팔괘 생성 원리와 성정표]

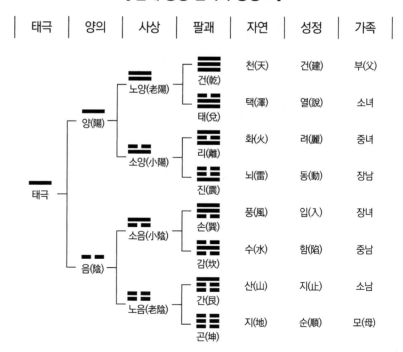

태극	양의	사상	팔괘	자연	성정	가족
태극	양(陽)	노양(老陽)	건(乾)	천(天)	건(建)	부(父)
			태(兌)	택(澤)	열(說)	소녀
		소양(小陽)	리(離)	화(火)	려(麗)	중녀
			진(震)	뇌(雷)	동(動)	장남
	음(陰)	소음(小陰)	손(巽)	풍(風)	입(入)	장녀
			감(坎)	수(水)	함(陷)	중남
		노음(老陰)	간(艮)	산(山)	지(止)	소남
			곤(坤)	지(地)	순(順)	모(母)

[설괘전(說卦傳)에서 말하는 팔괘에 내재된 의미]

괘	상	의미방
乾 건	☰	天, 圜, 君, 父, 玉, 金, 寒, 冰, 大赤, 良马, 瘠马, 驳马, 木果.
坤 곤	☷	地, 母, 布, 釜, 吝啬, 均, 子母牛, 大舆, 文, 众, 柄, 地黑.
震 진	☳	雷, 龙, 玄黄, 敷, 大涂, 长子, 决躁, 苍筤竹, 萑苇, 马善鸣, 馵足, 颡. 稼反生. 究健, 蕃鲜.
巽 손	☴	木, 风, 长女, 绳直, 工, 白, 长, 高, 进退, 不果, 臭. 人寡发, 广颡, 多白眼 近利市三倍, 躁卦.
坎 감	☵	水, 沟渎, 隐伏, 矫輮, 弓轮. 人加忧, 心病, 耳痛, 血卦, 赤. 马美脊, 亟心, 下首, 薄蹄 曳. 舆丁躓. 通, 月, 盗. 木坚多心.
离 리	☲	火, 日, 电, 中女, 甲胄, 戈兵. 人大腹, 乾卦. 鳖, 蟹, 蠃, 为蚌, 龟. 木科上槁.
艮 간	☶	山, 径路, 小石, 门阙, 果蓏(蓏), 阍寺, 指, 狗, 鼠, 黔喙之属. 木坚多节.
兑 태	☱	泽, 少女, 巫, 口舌, 毁折, 附决. 地刚卤. 妾, 羊.

이시환 작성 ⓒ 2021. 05. 24.

- 爻彖(효단) : 효(爻)와 단(彖). 효(爻)는 괘(卦)를 조성(組成)하는 기본 부호(符號)로서 음(陰)과 양(陽)을 표시한 기호이다. 양은 길게 한 획으로 표시하고(一), 음은 한 획의 중간이 끊어져 두 획(ー一)으로 표시하였다. 그리고 '단(彖)'이란 괘(卦)를 말하기도 하고, 주 문왕이 괘에 붙였던 오늘날의 괘사(卦辭)를 말하기도 했다. 현재는 십익(十翼) 가운데 단(彖) 상전(上傳)과 단(彖) 하전(下傳)을 일컫기도 한다. 그러나 이 본문 속에서는 괘사와 효사를 말하는 것으로 판단된다.

- 占(점) : 통상적으로 사주, 관상, 손금 등 주어진 조건과 스스로 신물(神物)등을 선택하는 현재의 행위를 통해서 그 개인의 과거사를 알아맞히거나 앞날의 운수, 길흉 등을 미리 판단하는 일을 '점'이라 한다. 역(易)에서 말하는 점이란 것은, 앞으로 나타날 현상이나 그 결과에 대한 예단(豫斷)은 다른 여타의 점과 같으나 그 예단을 결정짓는 요소가 조금 다르다. 역에서는 음양의 관계, 그 양태 변화를 도식(圖式)한 육효(六爻)를 통해서 예단하는 것이다. 계사 상전 제5장에서 '헤아림을 다하여 다가옴을 아는 것을 일컬어 점이라 한다(極數知來之謂占)'라고 정의되었고, 계사 상전 제10장에서는 '점대로써 그 점을 친다(以卜筮者尙其占)'라고 했으며, 계사 하전 제12장에서는 '점치는 일이 다가옴을 알게 하는 것(占事知來).' 이라고 기술된 것이 전부이다. 더 자세한 내용은 「괘(卦) 짓는 방법」과 「신(神)과 점(占)에 관하여」 라는 글을 참고하기 바라며, 이 책의 185페이지, 189페이지에 있다.

제3장

'단'이라 하는 것은 상을 말한 것이고, '효'라는 것은 변하는 것을 말한 것이다. '길흉'이란 것은 그 득실을 말한 것이고, '회린'이란 것은 그 작은 허물을 말한 것이며, '무구'란 것은 잘못을 고치는 훌륭함이다.

이러한 까닭으로, 귀천이 배열되어 자리가 있게 된다. 크고 작은 것을 성취함은 괘에 있고, 길흉을 분별함은 효사에 있다. 회린을 걱정하는 것은 본분에 있고, 무구를 공경함은 뉘우침에 있다.

이러한 까닭으로, 크고 작음이 괘에 있고, 험하고 쉬움이 말씀에 있으며, '말씀'이란 것은 각기 그 나아갈 바를 가리킴이다.

주역 본문에서 사용되는 괘(卦), 효(爻)의 본질과 괘·효사(卦·爻辭)의 기능, 그리고 길흉(吉凶)·회린(悔吝)·무구(无咎) 등 3개의 키워드에 대한 의미를 설명하고 있다. 따라서 이에 대한 이해가 항시 따라다녀야 한다.

하늘과 땅에 드리워진 상(象: 무늬, 뜻, 의지)을 성인(聖人: 진리를 깨달은 사람)이 꿰뚫어 보고서 그것을 음(陰)과 양(陽)의 부호(符號)로써 그려낸 것이 괘(卦)이다. 이 괘에는 음양의 부호인 효(爻)와 괘에 붙인 말씀인 괘사(卦辭)와 효 하나하나에 붙인 말씀인 효사(爻辭)가 있다. 괘사와 효사를 합쳐서 '괘·효사(卦·爻辭)'라 하는데 이것이 험하고 쉬움을 알려주어 각자가 나아갈 바를 일러준다. 그리고 음양의 부호인 효는 고정되어있는 것이 아니고 변하는 것으로써 '관계'와 '자리'를 결정한다. 효 간의 관계로 이해득실이 생기며, 자리로 귀천(貴賤)이 생긴다. 관계는 정위(正位)와 부정위(不正位), 짝이 되는 효 사이 호응(呼應) 여부, 이웃 효와의 친비(親比) 관계 성립 여부, 가깝고 먼 효와의 협력 관계 여부 등을 말한다. 그리고 귀천은 시작하는 효(初爻)이냐 끝이 나는 효(上爻)이냐와 중간에 있는 효들인 이효와 사효, 삼효와 오효의 관계에서 이효와 오효가 사람을 상징하는 효이기에 중도(中道)를 얻는 자라라서 대단히 중요하고, 그 공로와 역할에 의해서 평판(評判)이 달라지고 귀천이 결정된다. 이 관계와 자리 문제는 64개 괘의 괘·효사를 일일이 음미할 때 확인이 가능해진다.

第三章

象者言乎象者也, 爻者言乎變者也. 吉凶者言乎其失得也,
悔吝者言乎其小疵也, 无咎者善補過者也.

是故列貴賤者存乎位. 齊小大者存乎卦 辯吉凶者存乎辭.
憂悔吝者存乎介, 震无咎者存乎悔.

是故卦有小大, 辭有險易, 辭也者各指其所之.

- 彖(단) : 동사로는 판단하다, 점치다, 돼지 달아나다 등의 뜻이 있고, 명사로는 토막, 한 단락 등의 뜻이 있으나 여기서는 하나하나의 '卦(괘)'를 말함.
- 補(보) : 깁다, 돕다, 꾸미다, 개선하다, 보태다, 맡기다 등의 의미가 있음. 여기서는 '고치다', '개선하다'로 해석하였음.
- 齊(제) : 가지런하다, 단정하다, 재빠르다, 오르다, 좋다, 순탄하다, 다스리다, 지혜롭다, 분별하다, 이루다, 성취하다, 배합하다 등의 뜻이 있음. 여기서는 '성취하다', '이루다'로 해석하였음.
- 辯(변) : 동사로는 말을 하다, 말다툼하다, 말하다, 송사하다, 분별하다, 변별하다, 슬기롭다, 변하다, 나누다, 다스리다 등의 뜻이 있음. 여기서는 '분별하다'로 해석하였음.
- 介(개) : (사이에) 끼다, 들다 등의 의미가 있고, 명사로는 갑옷, 경계선, 한계, 본분, 정조 절의 등의 뜻이 있음. 여기서는 '본분(本分:마땅히 지켜야 할 직분)'으로 해석하였음.
- 震(진) : 동사로는 벼락 치다, 떨다, 흔들리다, 성내다, 움직이다, 격동하다, 공경하다 등 뜻이 있음. 여기서는 '공경하다'로 해석하였음.

제4장

역은 천지 법도를 따르는 고로 천지의 도를 능히 엮어서 드러낸다. 하늘의 문채를 우러러보고, 땅의 이치를 굽어살핀다. 이런 까닭으로, 어둡고 밝음의 이치를 드러내며, 시작을 근원으로 하여 끝을 되돌리기 때문에 죽고 사는 이치를 드러낸다.

정기가 만물을 이루고, 떠도는 혼이 변하는 까닭으로, 귀신의 정황을 드러낸다. (역은) 천지를 따르므로 서로 비슷하다. 따라서 어긋나지 않음을 만물에서 두루 드러내고, 도가 천하를 이룬다.

그러므로 지나치지 아니하고, 두루 행함이 흘러넘치지 아니하며, 하늘을 즐거워하고, 그 하늘의 뜻을 알기에 근심하지 않으며, 머무는 곳을 편안하게 하고, 어짊을 도탑게 하여 능히 사랑한다.

천지조화의 범위에서 지나치지 않고, 만물을 골고루 이룸에 빠뜨리지 않으며, 낮과 밤의 이치를 통해서 드러내기에 신(神)은 장소가 (따로) 없으며, 역에도 형체가 없다.

'역도(易道)는 천지지도(天地之道)'라는 전제 아래 역도의 작용과 그 특징에 대하여 설명했다. 곧, 역도는 천지지도를 따르기 때문에 하늘의 문채와 땅의 이치를 살피고, 어둡고 밝음의 이치와 죽고 사는 이치를 드러낸다는 것이다. 그러므로 역도는 지나치지 않고, 넘치지도 않으며, 근심하지 않고, 편안하게 하며, 어짊으로써 사랑하게 한다. 이뿐 아니라, 만물을 다 이루고, 빠뜨리지도 않지만, 그 가시적인 형체가 없다는 것이다.

그런데 그 역도가 작용하는 실체를 두고 '정기(精氣)'와 '혼(魂)'과 '귀신(鬼神)'이라는 단어를 비유적으로 사용했는데, 이들에 대한 설명이 필요하다. 곧, '정기'란 만물을 생성하는 원기를 말함인데 이 원기는 천지의 것이다. 그리고 '혼'이란 사람이나 생명의 영적 기운을 말함이 아니라 천지가 갖는 음(陰)과 양(陽)의 기운이다. 그리고 '귀신'이란 죽은 사람의 영적 존재를 말함이 아니라 천지의 음양이 움직이는 이치를 말한다.

第四章

易與天地準, 故能彌綸天地之道. 仰以觀于(於)天文, 俯以
察于地理, 是故 知幽明之故, 原始反終, 故知死生之說.

精氣爲物, 游魂爲變, 是故知鬼神之情狀. 與天地相似. 故
不違知周乎萬物而道濟天下.

故不過旁行而不流, 樂天知命 故不憂 安土敦乎仁故能愛.

范圍天地之化而不過, 曲成萬物而不遺, 通乎晝夜之道而
知, 故神无方而易無体.

📢
- 與(여) : 더불다, 같이하다, 참여하다, 주다, 허락하다, 간여하다, 돕다, 기리다, 찬양하다, 쫓다, 따르다 등 다양한 의미가 있으나 여기서는 '같이하다', '따르다'로 해석하였음.
- 準(준) : 준하다, 본보기로 삼다, 본받다, 바로잡다, 고르다, 정밀하다, 허가하다 등의 뜻이 있고, 명사로는 법도, 기준, 수준기 등의 뜻이 있다. 여기서는 '법도(法度)', '기준'의 뜻으로 해석하였음.
- 彌綸(미륜) : 彌(미)는 두루, 널리 등의 의미가 있고, 綸(륜)은 벼리, 낚싯줄, 거문고 줄, 굵은 실 등의 의미가 있다. 이 '彌綸'과 유사한 의미로 쓰인 단어가 주역 안에 또 있는데 그것은 '經綸(경륜)'이다. 이 경륜은 수뢰둔괘(水雷屯卦)의 대상사(大象辭) "象曰 雲雷 屯 君子以經綸"이라는 문장에서 나온다. 경륜은 사람이 하는 것이고, 미륜은 易(역)이 하는 점이 다르다. 그래서 이 '미륜'을 '엮어서 드러냄'이라고 해석하였음.
- 于(우) : 우리 한국 주역에서는 이 '于(우)' 대신에 '於(어)'로 표기되었음. 그 뜻은 같다.
- 文(문) : 글월, 문장, 글자, 문서, 문채, 채색, 무늬, 법도, 결, 얼룩 등의 뜻이 있음. 여기서는 하늘의 뜻이 반영된 '문채(文彩)'로 해석하였음.
- 幽明(유명) : 어두움과 밝음, 저승과 이승, 밤과 낮 등을 비유적으로 표현한 말이고, 나아가, 陰(음)과 陽(양), 月(월)과 日(일) 등으로도 빗대어진다. 여기서는 가장 기본적인 '어둠과 밝음'으로 해석하였음.
- 說(설) : 말씀, 도리 등의 뜻이 있음. 여기서는 '도리', '이치'로 해석하였음.
- 精氣(정기) : 만물을 생성하는 원기, 생명의 원천이 되는 기운이다.
- 游魂(유혼) : 저승으로 가지 못하고 이승에서 떠도는 '遊魂(유혼)'이 아니라 천지가 갖는 음양(陰陽)의 기운이다.
- '귀신(鬼神)'과 '신(神)'이라는 단어가 사용되었는데 이에 대해서는 사실, 개념 정리가 필요하다. 하지만 주역 그 어디에서도 그 개념을 정리해 놓지는 않았다. 다행스럽게도 계사(繫辭) 상전 제5장에서 "陰陽不測之謂神"이라는 문장이 나오며, 계사 상 제9장에서도 나온다. 이미, 필자의 다른 글 「신(神)과 점(占)에 관하여」에서 언급했다시피, "헤아릴 수 없는 그 음양의

성덕(盛德)과 대업(大業)을 신(神)이라고 한다. 그러니까, 음양의 작용(作用), 음양의 움직임[動], 음양의 기능(機能) 등이 낳는 결과까지 그 과정의 신묘함을 신(神)으로 표현했다고 판단된다. 오늘날, 우리가 종교적으로 인식하고 있는 '신(神)'과는 전혀 다른 개념이다."

그리고 '귀신(鬼神)'이라는 단어는 「문언전(文言傳)」을 제외하면, 64괘의 괘사와 효사에서는 단 한 번도 사용되지 않았으나 단사(彖辭)에서는 딱 두 번 사용되었다. 지산겸괘(地山謙卦) 단사(彖辭)와 뇌화풍괘(雷火豐卦) 단사(彖辭)에서이다. 곧, ①"天道虧盈而益謙 地道變盈而流謙 鬼神害盈而福謙 人道惡盈而好謙" ②"日中則昃 月盈則食 天地盈虛 與時消息而況於人乎? 況於鬼神乎?" 이다. 여기서 보면, 귀신이란 하늘과 땅도 아니고, 사람도 아닌 그 무엇으로서 별도의 존재임을 유추할 수는 있다.

「문언전(文言傳)」에서는 '大人'을 설명하면서 한 번 사용되었고, '先天'과 '後天'을 설명하면서 한 번 사용되었다. ①夫 '大人'者, 與天地合其德, 與日月合其明, 與四時合其序, 與鬼神合其吉凶. ②先天而天弗違, 後天而天奉時, 天且弗違, 而況於人乎! 況於鬼神乎!

여기에서도 '鬼神'이란, 하늘도 땅도 아니고, 사람도 아닌 그 무엇으로서 별도의 존재이다. 굳이, 유추하자면, 천지사이에 있는, 인간보다 뛰어난 조화·술수를 부리는, 알 수 없는 존재인 셈이다.

- 情狀(정상) : 어떤 일이 벌어졌거나 있는 그대로의 사정.
- 濟(제) : 건너다, 돕다, 구제하다, 이루다, 성공하다, 성취하다, 유익하다, 등 다양한 의미가 있으나 여기서는 '이루다'로 해석하였음.
- 旁(방) : 곁, 옆, 널리, 두루, 도움, 보좌 등의 뜻이 있음. 여기서는 '두루', '널리'의 뜻으로 해석하였음.
- 樂天知命[낙천지명, lè tiān zhī mìng] : 직역하자면, '하늘을 즐거워하고, 그 하늘의 명을 안다.'라는 뜻이다. 그러니까, 천명(天命:하늘의 뜻)을 알고 있기에 세상과 인생을 즐겁게 생각하면서 매사를 편안하게 받아들이는 삶의 태도이자 그런 태도를 낳는 심적 정황이라고 할 수 있다.
- 曲成(곡성) : 중국에서는 이 '曲成'이라는 단어를 '多方設法使有成就'라고 풀이한다. 그러니까, 다양한 방법으로 만들고 부리어서 성취한다는 뜻이

다. 曲(곡)은 굽다, 굽히다, 도리에 맞지 않다, 바르지 않다, 정직하지 않다 등 부정적인 뜻이 많으나 여기에서는 의역하여 '골고루', '두루'의 뜻으로 해석하였음.

● 神无方 & 易無体(신무방 & 역무체) : 직역하면 '신은 방향이 없고 역은 몸이 없다'라는 뜻이다. 신에게 방향이나 방법 등이 없다는 것은 신의 손길이 미치지 아니하는 곳이 없다는 뜻이자 가용한 방법이나 수단이 정해진 것이 아니라 무궁무진하다는, 제한을 받지 않는다는 뜻이다. 그리고 역에 몸이 없다는 것은 가시적인 형체가 없다는 뜻으로 천지의 작용을 신(神)으로 본 것이고, 그 신의 역할을 역의 작용으로 보았다. 그러니까, 하늘과 땅의 보이지 않는 작용이 신(神)인데 그 신의 세계가 인간에게는 '역'이라는 것으로 가시화되었다는 인식이 깔려있다고 본다.

제5장

음과 양의 (움직임을) 일컬어 '도'라 한다. (그 도가) 계속되는 것은 선이고, 이루는 것은 성정이다. 어진 것이 드러남을 일컬어 '어짊'이라 하고, 아는 것이 드러남을 일컬어 '앎'이라고 하는데 백성은 날마다 (그 성정을) 쓰나 알지 못한다. 그러므로 군자의 도가 빛난다.

저 어짊을 드러냄과 저 사용함을 감춤이, 만물을 고동치게 하나 성인의 근심과 함께하지는 않는다. (음양의) 성덕과 대업이 지극하구나. 풍성하게 함을 일컬어 '대업'이라 하고, 날마다 새롭게 함을 '성덕'이라 하며, 낳고 또 낳는 것을 일컬어 '역'이라 한다.

상을 이룸을 일컬어 '건'이라 하고, (그 건의) 이치를 본받는 것을 일컬어 '곤'이라고 한다. (그리고) 수를 다하여 다가옴을 앎을 '점'이라 하고, 변하여 통함을 일컬어 '일'이라고 하며,

헤아릴 수 없는 음양의 변화를 '신'이라 일컫는다.

도(道)의 개념과 그 기능, 건(乾)과 곤(坤)의 기능과 관계, 그리고 점(占), 사(事), 신(神)의 개념 등을 설명했다. 건(乾)이 뜻을 세우고 상(象)을 드리우면 곤(坤)이 이를 받아서 만물을 화생(化生) 하는데 이를 덕(德)과 업(業)이란 단어로 응축시켰다. 그리고 건에 성인(聖人)을, 곤에 군자(君子)를 연계시켜 놓았다.

혹자는 '하나의 음과 하나의 양'을 일컬어 도라고 말하기도 하고, '한 번 음하고 한 번 양함'을 일컬어 도라고 말하기도 하는데 필자는 그것이 아니고 '음과 양의 관계로서 그 움직임'을 일컬어 도라고 정의한다. 도의 개념에 대한 자세한 사항은 필자의 다른 글 「'도(道)'란 무엇인가?」를 참고하기 바람 (164p.).

第五章

一陰一陽之謂道. 繼之者善也 成之者性也. 仁者見之謂之
仁, 知者見之謂之知, 百姓日用而不知. 故君子之道鮮矣.

顯諸仁藏諸用, 鼓萬物而不與聖人同憂. 盛德大業至矣
哉！富有之謂大業, 日新之謂盛德, 生生之謂易.

成象之謂乾, 效法之謂坤. 極數知來之謂占, 通變之謂事,
陰陽不測之謂神.

📢

- 一(일) : 음과 양을 헤아리는 단위로 허수(虛數)라고 생각하여 굳이, '하나', '한 번'으로 해석하지 않았음.
- 仁者(인자) : 통상, '어진 사람'으로 해석하나 필자는 그렇게 보지 않았다. 도(道)가 만들어내는 성정(性情)으로 '어진 것'이라고 받았다. '知者(지자)' 도 마찬가지임.
- 性(성) : 성품, 사람의 타고난 천성, 바탕, 성질, 사물의 본질, 생명, 목숨, 모습, 자태, 남녀의 성 등 다양한 뜻이 있으나 여기서는 '타고난 천성', '성정(性情)'으로 해석하였음. 주역에서는 이 성정과 같은 의미로 사용되는 단어로 덕성(德性), 성품(性品) 등이 있음.
- 鮮(선) : 곱다, 빛나다, 선명하다, 새롭다, 싱싱하다, 좋다, 적다, 드물다 등의 뜻이 있으나 여기서는 '빛나다'로 해석하였음.
- 諸(제) : 모두, 모든, 여러 등의 뜻이 있고, 이, 저 대명사로도 사용된다. 여기서는 '저'라는 지시 대명사로 해석하였음.
- 顯(현) - 藏(장), 德(덕) - 業(업), 盛(성) - 大(대) : 대구(對句)에 유의하면 해석이 한결 쉬워짐.
- 效(효) : 본받다, 배우다, 나타내다, 드러내다, 밝히다, 주다, 수영하다, 힘쓰다 등의 뜻이 있으나 여기서는 '본받다'로 해석하였음.

제6장

대저, 역이란 넓고 크다. (그래서) 멀리 있는 것을 말하려 한즉 헤아릴 수 없고, 가까이 있는 것을 말하려 한즉 고요하면서도 바르고, 천지 사이의 것을 말하려 한즉 (다) 갖추어져 있다.

무릇, '건'이란 그 고요함이 전일하고, 그 움직임이 곧게 (펴져서) 크게 생긴다. 무릇, '곤'이란 그 고요함이 합해지고, 그 움직임이 열리어 넓게 생긴다.

넓음과 큼은 천지와 짝이고, 변통은 사계절과 짝이며, 음양의 도리는 일월과 짝이고, 쉽고도 간단한 이치는 지극한 덕과 짝이다.

역(易)의 작용(作用)과 그 범위, 그리고 그 특징에 대하여 설명했는데 사람의 눈으로써 볼 수 있고 체감할 수 있는 천지(天地), 사시(四時), 일월(日月) 등을 역과 연계시켜 놓았다. 곧, 역은 광대(廣大)하고, 모든 것이 갖추어져 있으며, 건(乾)은 그 동정(動靜)으로써 대생(大生)하고, 곤(坤)은 그 동정으로써 광생(廣生)한다.

그리고 역의 광대함은 천지와 같고, 역의 변통은 사시 변화와 같으며, 역의 음양은 일월과 같은데 역의 지극한 덕(德)은 쉽고 간단한 이치라고 한다.

第六章

夫易, 廣矣大矣. 以言乎遠則不御, 以言乎邇則靜而正, 以言乎天地之間則備矣.

夫乾, 其靜也專, 其動也直, 是以大生焉. 夫坤, 其靜也翕, 其動也闢, 是以廣生焉.

廣大配天地, 變通配四時, 陰陽之義配日月, 易簡之善配至德.

- 御(어) : 거느리다, 통솔하다, 다스리다, 통치하다, 막다, 저지하다, 권하다, 종용하다 등 다양한 뜻이 있으나 여기서는 일단, '다스리다'로 해석하였다. 단, 여기서 '다스릴 수 없다'라는 것은 '헤아릴 수 없다', '셈할 수 없다' 등의 의미로 판단했다. 물론, '遠(원)'과 '邇(이)'가 대립하듯이, '不御(불어)'와 '靜而正(정이정)'이 대립하는 개념으로 해석될 수도 있으나 그렇지 않으며, 다스릴 수 없어서 헤아리기조차 어려운 상태와 정도를 '不御(불어)'로써 표현한 게 아닌가 싶다. 물론, 필자의 판단이다.
- 遠(원), 邇(이), 天地之間(천지지간) : 역(易)이 담아낼 수 있는 대상을 가까이 있는 것, 멀리 있는 것, 천지 사이에 있는 것 등 세 가지로 언급함으로써 사실상 모든 것을 두루 그 대상으로 함을 말하고 있다.
- 건(乾)과 곤(坤)의 차이를 분명하게 인지할 필요가 있다. 곧, '乾 : 靜 - 專, 動 - 直 - 大生'이라면 '坤 : 靜 - 翕, 動 - 闢 - 廣生'이다.
- 翕(흡) : 합하다, 일다, 성하다, 거두다, 모으다 등의 뜻이 있음.
- 闢(벽) : 열다, 열리다, 개간하다, 개척하다, 일구다, 규탄하다, 배척하다 등의 뜻이 있음.
- 義(의) : 옳다, 의롭다, 바르다 등의 뜻이 있고, 정의, 도리, 법도, 의리, 의의(義意) 등의 뜻도 있으나 여기서는 '법도', '도리'로 해석하였음.
- 善(선) : 착하다, 좋다, 훌륭하다, 잘하다, 친하다 등의 뜻이 있으나 여기서는 앞의 義(의)와 같은 맥락에 있는 글자로 '훌륭한 점', '이치', '법도' 등의 의미로 해석함이 옳다고 생각함.

제7장

공자께서 이르기를, "역이란 그 지극함에 있구나!"

무릇, 역이란 성인이 덕을 존중하고 업을 넓히는 것이다. 지혜는 높이고, 예는 낮춘다. 하늘을 본받아 높이고, 땅을 본받아 낮춘다.

천지가 자리를 베풀어서 '역(易)'이 그 가운데에서 움직인다. (역은) 이루어진 성정을 보존하고 관장하는 도의 이치로 (들어가는) 문이다.

역(易)은 천지(天地)의 도(道)이자 천지의 이치(理致)인데, '천(天)은 높고, 지(地)는 낮다'라는 기본적인 인식이 깔려있다. 바로 이런 인식을 토대로, 사람은 모름지기 하늘을 본받아 그 주재함[知]을 숭상하고 본받아서 지혜를 얻고 쌓으며, 땅을 본받아서 자신을 낮추어 예법(禮法)을 습득해야 한다는 것이다. 한마디로 말해, 역의 의미와 기능을 도(道)와 동일시했고, 하늘을 통해서는 주재하고 관장하는 통치기술을, 땅을 통해서는 자신을 낮추는 예법을 각각 배워야 한다는 주장이다. 자, 이를 뒤집어 말하면, '하늘에서 지(知=智)가 나오고, 땅에서 예(禮)가 나온다.'라는 것이나 다름없다.

第七章

子曰, "易其至矣乎!"

夫易, 聖人所以崇德而廣業也. 知崇禮卑, 崇效天卑法地.

天地設(說)位, 而易行乎其中矣. 成性存存, 道義之門.

📢
- 至(지) : 이르다, 미치다, 과분하다, 지극하다, 힘쓰다, 지향하다 등 다양한 의미로 쓰이나 여기서는 '지극하다'의 명사형으로 해석하였음.
- 崇(숭) : 높다, 높이다, 존중하다, 모으다, 채우다, 마치다 등의 의미로 쓰이나 여기서는 '높이다'로 해석하였음. 知(지)와 禮(예), 崇(숭)과 卑(비)라는 대구(對句)를 의식해서이다.
- 法(법) : 동사로는 '본받다'의 뜻이 있음. 앞의 '效(효)'와 같은 의미로 쓰였다고 판단했음.
- 德 – 業, 崇 – 卑, 效 – 法, 知 – 禮, 天 – 地 : 대비(對比) 관계를 살피면 이해가 쉬워진다. 이를 다시 정리하자면, '天(하늘) – 乾(건) – 聖人(성인) – 德(덕) – 知(지), 地(땅) – 君子(군자) – 業(업) – 禮(예)'의 관계이다.
- 계사(繫辭)를 공자가 집필한 것으로 말하는데 이 제7장에서 보는 것처럼 '子曰'로 시작하는 것을 보면 공자가 아닌, 다른 사람이 집필했을 가능성이 없지 않다.
- 設(설) : 우리 한국에서는 '說(설)'로 표기되었음.
- 存(존) : 있다, 존재하다, 살아있다, 문안하다, 보살피다, 보존하다, 관리하다, 관장하다, 생각하다, 그리워하다, 세우다, 설치하다 등 다양한 의미로 쓰이나 여기서는 '보존하다', '관장하다' 두 가지로 해석하였음.
- 成性存存(성성존존) : '이루어진 성정(性情), 성품(性品)을 보존하고 관장하는'으로 해석하였음.

제8장

성인께서 천하의 깊은 이치를 보아 (깨닫고서) 그 모든 모양새를 헤아리고, 그 물체의 마땅함을 드러내었는데 이를 일컬어 '상'이라고 한다. 성인께서 천하의 움직임을 보고 그 회통을 관찰하여 (이로써) 64괘를 만들었고, 말을 엮어서 그 길흉을 판단하였는데 이를 일컬어 '효(爻)'라고 한다. 천하의 지극한 도리를 말하기에 싫어할 수 없고, 천하의 지극한 움직임을 말하기에 어지럽힐 수 없다. 헤아리고 나서 말하고, 분간하고 나서 움직이니 헤아리고 분간함으로써 그 변화가 이루어진다.

'우는 학이 음지에 있으니 그 새끼가 화답하고, 내게 좋은 술이 있으니 너와 내가 함께 다 마시겠다.' 공자께서 이르기를, "군자가 그 방에 머물 때 그 선한 말이 나간즉 천 리 밖에서 응하는데 하물며 가까운 곳에서랴. 그 방에 머물 때 그 선하지 못한 말이 나간즉 천 리 밖에서 피하니 하물며 가까운 곳에서랴. 말은 몸에서 나가면 백성에게 더해지고, 행실은 가까운 곳에서 나가지만 먼 곳에서(도) 본다. 언행은 군자의 가장 중요한 본질이다. 그것이 발동되면 영욕의 주인이 (된다). 언행, (이는) 군자가 천지를 움직이는 바이니 조심하지 않을 수 있겠는가."

'뜻을 같이하는 사람은 먼저 부르짖어 우나 나중에는 웃는다.' 공자께서 이르기를, "군자의 도는 (밖으로) 나가거나 (안에) 머무름에 있고, 침묵하거나 말함에 있다. 두 사람이 한마음을 가질 때 그 날카로움이란 쇠를 자르고, 두 사람의 한마음에서 나오는 말은 그 향기가 난초와도 같다." '초육 효는, 흰 띠 풀을 깔개로 사용함이니 허물이 없다.' 공자께서 이르기를, "저 땅이나 겨우 꾸미는 것으로 족한 흰 띠 풀을 깔개로 사용했으니 어찌 허물이 되겠는가. 신중함이 지극하다. 무릇, '띠'라는 것은 하찮은 물건에 지나지 않으나 중요하게 사용할 수 있다. 이러한 신중한 방법(→지혜)으로 나아간다면 잃는 바가 없으리라." '애를 쓰고도 겸손함은 군자가 (일을) 끝마침이니 길하다.' 공자께서 이르기를, "애를 썼으나 자랑하지 않고, 공이 있으나 덕으로 (여기지) 않으니 (그) 후덕함이 지극하다. 그 공을 아랫사람의 것으로 말함이니 덕은 성함으로 말하고, 예절은 공손함으로 말한다. 겸손이라고 하는 것은 지극한 공손함으로써 그 자리를 보존함이다."

'높이 오른 용은 뉘우침이 있다.' 공자께서 이르기를, "귀하나 자리가 없고, 높으나 백성이 없으며, 현인이 아랫자리에 있으나 도움이 되지 못함으로 움직이면 뉘우치게 된다." '집 안에서 나가지 않음이 허물이 되지 않는다.' 공자께서 이르기를, "어지러움이 생기는 것은 곧 말을 함이 (그) 발판이 되니 군자는 (말에) 빈틈이 있으면 신하를 잃고, 신하가 빈틈이 있으면 (자기) 몸을 잃는다. 모든 일에 꼼꼼하게 하지 않으면 곧 해가 생기니 이로써 군자는 삼가고 꼼꼼하게 하여 나가지 않음이라." 공자께서 이르기를, "역을 지은 것이 그 도적을 알기 위함인가?" 역에서 '등에 짊어지고 탈 것에 오른다는 것은 도적을 불러들여 도적이 이름이라.' 등에 짊어진다는 것은 소인의 일이요, 탈 것에 오른다는 것은 군자의 도구(수레 또는 마차)이다. 소인이 군자의 도구를 타는 것은 도적이 탈취함을 생각함이다. 위로는 게으름을 피우고 아래로는 사납게 구는 것은 도적이 칠 것을 생각함이다. 대충 보관하는 것은 도적을 유인하는 일이고, 얼굴을 요염하게 단장함은 음탕함을 일으키는 일이다. 역에서 '등에 짊어지고 탈 것에 오르는 것은 도적을 불러들여 도적이 이름이라.'라는 것은 도적을 불러들임이다. *혼선을 피하려고 공자가 했다는 말씀은 큰따옴표(" ~ ")

로, 역(易)에서 인용한 말은 작은따옴표(' ~ ')로 구분하였음.

상(象), 괘(卦), 효(爻) 등 3가지로써 역(易)이 구성됨을 전제하고서 괘효(卦爻)가 만들어진 원리(原理), 그 기능(機能), 그리고 효사(爻辭)를 포함한 괘효의 활용(活用)을 일곱 개 괘의 특정 효사를 인용하고, 그 효사에 대한 공자의 해설을 곁들임으로써 생활 속에서 괘효 유용성을 강조하였다. 인용한 효사(爻辭)는 ①풍택중부괘, ②천화동인괘, ③택풍대과괘, ④지산겸괘, ⑤중천건괘, ⑥수택절괘, ⑦뇌수해괘 등에서 나왔다. 상경(上經)에 속한 괘가 넷, 하경(下經)에 속한 괘가 셋이다.

第八章

聖人有以見天下之賾, 而擬諸其形容, 像其物宜, 是故謂之象. 聖人有以見天下之動, 而觀其會通, 以行其典禮, 系辭焉以斷其吉凶, 是故謂之爻. 言天下之至賾而不可惡也. 言天下之至動而不可亂也. 擬之而后言, 議之而后動, 擬議以成其變化.

'鳴鶴在陰, 其子和之. 我有好爵, 吾與尔靡之.' 子曰 "君子居其室, 出其言善, 則千里之外應之, 況其邇者乎? 居其室, 出其言不善, 則千里之外違之, 況其邇者乎? 言出乎身, 加乎民;行發乎邇, 見乎遠. 言行, 君子之樞機。樞機之發, 榮辱之主也. 言行, 君子之所以動天地也, 可不慎乎!"

'同人, 先號咷而后笑.' 子曰:"君子之道, 或出或處, 或默或語. 二人同心, 其利斷金. 同心之言, 其臭如蘭." '初六, 藉用白茅, 无咎.' 子曰:"苟錯諸地而可矣, 藉之用茅, 何咎之有? 愼之至也. 夫茅之爲物薄, 而用可重也. 愼斯術也以往, 其无所失矣.”‘勞謙, 君子有終, 吉.’子曰 “勞而不伐, 有功 而不德, 厚之至也. 語以其功下人者也. 德言盛, 禮言恭;謙 也者, 致恭以存其位者也.”

‘亢龍有悔.’子曰“貴而无位, 高而无民, 賢人在下位而无 輔, 是以動而有悔也.”‘不出戶庭, 无咎.’子曰 “亂之所生 也, 則言語以爲階. 君不密則失臣, 臣不密則失身, 几事不 密則害成. 是以君子愼密而不出也.”子曰 “作易者, 其知盜 乎?”易曰‘負且乘 致寇至’負也者小人之事也, 乘也者君 子之器也. 小人而乘君子之器, 盜思奪之矣. 上慢下暴, 盜 思伐之矣. 慢藏誨盜, 冶容誨淫. 易曰‘負且乘, 致寇至’盜 之招也.

- 賾(색)과 會通(회통) : '賾(색)'은 깊숙하다, 심오하다, 도리 등의 뜻이 있고, '會通(회통)'은 말 그대로 '오가며 만나다'라는 뜻이다. 그래서 색을 '깊은 이치'로 해석했고, 회통을 '오가며 만남'으로 해석했다. 혹자는 會(회)를 '막힘'으로 해석하기도 하는데 이는 잘못된 판단이라고 생각한다.
- 擬(의) − 議(의) : 對比(대비) 관계 유의.
- 典禮(전례) : 원래는 일정한 격식을 갖추어 치르는 행사나 예식을 뜻하는 '의식(儀式)'이라는 의미인데 여기서는 태극이 양의를 낳고, 양의가 사상을 낳으며, 사상이 팔괘를 낳고, 팔괘가 64괘를 낳는 과정의 질서를 뜻한다. 더 간단히 말하면, 팔괘가 64괘를 이루는 '조합의 질서'를 의미한다고 나는 판단한다.
- 鳴鶴在陰 其子和之 我有好爵 吾與爾靡之(風澤中孚卦 九二 爻辭)
- 靡(미) : 쓰러지다, 쓰러뜨리다, 멸하다, 말다, 금지하다, 호사하다, 다하다 등의 뜻이 있음. 여기서는 '다하다'의 뜻으로 해석하였음.
- 樞機(추기) : 중추기관 → 본체(本體), 본질(本質)
- 咷(도) = 啕(도)
- 同人 先號咷而後笑 大師克 相遇(天火同人卦 九五 爻辭)
- 藉用白茅無咎(澤風大過卦 初六 爻辭)
- 藉(자) : 깔다, 깔개, 자리 등의 뜻이 있음. 여기서는 '깔개'로 해석하였음.
- 苟(구) : 진실로, 다만, 겨우, 간신히 등의 뜻이 있음. 여기서는 '겨우'로 해석하였음.
- 錯(착) : 어긋나다, 섞다, 꾸미다, 도금하다 등의 뜻이 있음. 여기서는 '꾸미다'로 해석하였음.
- 術(술)을 朮(출: 찰기가 있는 조, 차조)로 잘못 표기한 것이 아닐까 싶어서 術(술)로 바꾸어 표기했다.
- 勞謙 君子有終 吉(地山謙卦 九三 爻辭)
- 伐(벌) : 치다, 정벌하다, 베다, 찌르다, 비평하다, 모순되다, 무너지다, 자랑하다, 치료하다 등 다양한 의미로 쓰이나 여기서는 '자랑하다'로 해석하였음.

- 亢龍有悔(重天乾卦 上九 爻辭)
- 戶庭 : 집안의 뜰이나 마당
- 不出戶庭 無咎(水澤節卦 初九 爻辭)
- 負且乘致寇至 貞吝(雷水解卦 六三 爻辭)
- 치(致) : 이르다, 도달하다, 다하다, 이루다, 부르다, 보내다, 그만두다, 주다 등 다양한 뜻으로 사용되나 여기서는 '부르다'로 해석하였음.
- 지(至) : 이르다, 미치다, 지극하다, 힘쓰다, 지향하다, 주다 등의 뜻이 있으나 여기서는 '이르다'로 해석하였음.
- 致寇至(치구지) : '도적을 불러들여 도적이 이르다'로 풀이하였음.
- 誨(회) : 가르치다, 인도하다, 보이다, 유인하다, 회개하다, 가르치다 등의 뜻이 있음. 여기서는 '유인하다'의 뜻으로 해석하였음.
- 冶容之誨(야용지회) : 얼굴을 요염하게 단장하여 보는 이로 하여금 음탕한 마음을 일으키게 함.

제9장

천1 지2, 천3 지4, 천5 지6, 천7 지8, 천9 지10(이라). 하늘의 수가 다섯(개), 땅의 수가 다섯(개), (하늘과 땅이) 서로 다섯 자리씩을 차지하니 그 각각의 합이 하늘의 수는 25요, 땅의 수는 30이라, 하늘과 땅의 수를 합치면 55니 이로써 변화를 이루고, 행하는 것이 귀신이다.

대연지수 50이고, 그 (50 가운데 태극을 상징한 하나를 제외하고) 49를 사용한다. (이 49를) 나누어 둘(두 뭉치)이 되게 함으로써 양의를 상징하고, (음에 속한 무리에서 한 개를 뽑아) 그 하나를 걸어서 삼재를 상징하며, 넷으로써 세어서(나누어서) 사시를 상징하고, (그 나머지를) 합친 기수를 손가락 사이에 걸어서 5년에 두 번 있는 윤달을 상징한다. 그러므로 두 번 손가락 사이에 끼워 건다.

건책은 216이고, 곤책(坤策)은 144이므로 이들을 합하면 360

이고, (이것이) 일 년의 날수이다. 2편의 책수가 11,520으로 만물(萬物)의 수이다. 이러함으로 네 번 운영하여 역이 성립되고, 열여덟 번 변화해서 괘가 성립되어 팔괘가 작게 이루어진다.

(이 팔괘를) 끌어다가 펼치고, 부류를 만나 나아가면, 천하가 능히 일을 마친다. 도가 나타나고 신묘한 덕을 행한다. 이러한 연유로, 더불어 술잔을 돌림이 가능하고, 더불어 신의 도움이 가능하다. 공자 이르되, '변화의 이치를 아는 것이 (곧) 신이 하는 바를 앎이라.'

📢
이 장에서는 숫자 관련, 많은 개념이 설명되고 있다. 곧, ①천수(天數) ②지수(地數) ③범천지수(凡天地之數:천수와 지수의 합), ④대연지수(大衍之數) ⑤건책(乾策) ⑥곤책(坤策) ⑦만물지수(萬物之數) 등이 그것이다. 물론, 이들을 이해하려면 태극이 양의를 낳고, 양의가 사상을 낳으며, 사상이 팔괘를 낳고, 팔괘가 64괘를 낳으며, 하나의 괘는 6효(爻)로 이루어져 전체 384효가 있다는 기본적 사실에 대한 인지가 있어야 한다. 굳이, 이렇게 숫자로써 설명하는 것도 괘의 원리와 기능을 설명하기 위함임을 알아야 하고, 하나의 효가 어떤 절차로 만들어지는가를 설명함으로써 괘를 짓는 방법을 동시에 설명했다. 특히, 대연지수에 관해서는 중국을 비롯하여 우리나라에서도 많은 논란이 있으나 역(易)의 시발점인 하도낙서(河圖洛書)를 근거로 한다면, 하도의 수를 합한 55와 낙서의 수를 합한 45를 더하면 100이 되는데 이 100을 2로 나누어 50을 대연지수로 해석하기도 한다. 이를 신뢰하는 사람들은 대개, 하도(河圖)가 천도(天道)를, 낙서(洛書)가 지도(地道)를 각각 드러냈다고 믿고, 어떻게든 아전인수 격으로 해석하는 경향을 띤다.(周易과 數에 관한 내용은 『解周易』 pp.81~97 참조 바람.)

第九章

天一, 地二, 天三, 地四, 天五, 地六, 天七, 地八, 天九, 地十. 天數五, 地數五, 五位相得而各有合, 天數二十有五, 地數三十, 凡天地之數五十有五, 此所以成變化而行鬼神也.

大衍之數五十, 其用四十有九. 分而爲二以象兩, 挂一以象三, 揲之以四以象四時, 歸奇于扐以象閏, 五歲再閏, 故再扐而后挂.

乾之策二百一十有六, 坤之策百四十有四, 凡三百六十, 當期之日. 二篇之策, 萬有一千五百二十, 當萬物之數也. 是故四營而成易, 十有八變而成卦(掛), 八卦而小成.

引而伸之, 觸類而長之, 天下之能事畢矣. 顯道神德行. 是故可與酬酢, 可與佑神矣. 子曰 "知變化之道者, 其知神之所爲乎"

📢

- 兩(양) : 陰과 陽, '양의(兩儀)'를 말함.
- 三(삼) : 天地人을 '삼재(三才)'를 말함.
- 揲(설) : 시초를 세다, 맥을 짚다, 가지다, 취하다, 쌓이다 등의 뜻이 있으나 여기서는 '세다'로 해석하였음.
- 괘(挂) : 걸다, 매달다, 입다, 걸치다, 나누다, 구분하다, 도모하다, 등록하다, 건너다, 마음이 끌리다 등의 뜻이 있음. 여기서는 '걸다'로 해석하였음. 한국에서는 이 '挂(괘)' 대신에 '掛(괘)'로 표기하였으나 그 뜻은 같음.
- 四時(사시) : 봄, 여름, 가을, 겨울을 의미함.
- 歸(귀) : 돌아가다, 돌려보내다, 따르다, 의탁하다, 맡기다, 시집가다, 마치다, 편들다, 맞다, 모이다, 합치다, 선물하다, 자수하다 등 다양한 의미로 쓰이나 여기서는 '합치다'로 해석함.
- 奇(기) : 기수(奇數)를 의미함.
- 歸奇(귀기) : '하늘을 상징하는 점대 뭉치(乾策)와 땅을 상징하는 점대 뭉치(坤策)의 수를 각각 4로 나눈 뒤 남는 수를 합친 기수'라는 뜻으로 이해된다. 그러니까, 한 번은 하늘을 상징하는 점대 수를 4로 나눈 뒤 남는 수를 손가락 사이에 걸고, 또 한 번은 땅을 상징하는 점대 수를 4로 나누어 남는 수를 손가락 사이에 끼워 합쳐서 건다는 뜻이다.
- 扐(륵) : 손가락 사이, (손가락 사이에) 끼우다 등의 의미가 있음.
- 奇數(기수) : 홀수, 천수(天數)라고 함. 1, 3, 5, 7, 9를 말함. 이것의 합이 25임.
- 偶數(우수) : 짝수, 지수(地數)라고 함. 2, 4, 6, 8, 10을 말함. 이것의 합이 30임.
- 天數(천수) : 25
- 地數(지수) : 30
- 天地之數(천지지수 : 천수+지수) : 25 + 30 = 55
- 大衍之數(대연지수) : 크게 움직이어 변화하는 수 50을 말하나 이 50이 어디에서 나왔는가에 대해서는 여러 가지 견해가 있다. 자세한 내용은 필자의 다른 글 「천지수(天地數)와 대연지수(大衍之數)란 무엇인가?」를 참고

하기 바람.

- 乾策(건책) : 216[양을 상징하는 수 9×4상(象)×6효(爻)]
- 坤策(곤책) : 144[음을 상징하는 수 6×4상(象)×6효(爻)]
- 當期之日(당기지일) : 건책 + 곤책 = 216 + 144 = 360
- 期(기) : 명사로는 기간, 기한, 기일, 돌, 1주년, 때, 기회 등의 의미가 있음. 여기서는 '일 년의 날수'로 해석하였음.
- 二篇(이편) : 건책과 곤책을 말함. 역경의 상, 하편으로 말하기도 함.
- 11,520 : 이편지책(二篇之策)의 수이자 만물지수(萬物之數)를 말함. 산출 근거 : 64괘 × 6효 = 384효임. 이 중 양효가 192개, 음효가 192개임. 따라서 [192(양효 수) × 9(양의 작용수) × 4상(象) = 6,912)] + [192(음효 수)× 6(음의 작용수) × 4상(象) = 4,608]
- 四營(사영) : 49를 ①두 뭉치로 나누고, ②하나를 빼서 삼재를 상징하고, ③4로 나누어서 사시를 상징하고, ④나머지 기수의 합을 손가락 사이에 끼워 윤달을 상징하는 '절차'를 의미함.
- 小成(소성) : '적게 이루다' 뜻이다. 팔괘는 전체 64괘보다 양적으로 적다고 할 수 있으며, 이 팔괘를 가지고 64괘를 이루기 때문에 굳이 '소성(小成)'이란 말을 쓴 것 같다.
- 觸(촉) : 닿다, 찌르다, 느끼다, 떨어지다, 범하다, 더럽히다, 움직이다, 만나다 등의 뜻으로 사용되는데 여기서는 '만나다'로 해석하였음.
- 이 장에서는 대연지수와 괘 짓는 방법을 설명했으나 매우 불완전하다. 그래서 부득불 「괘(卦) 짓는 방법」(185p.)과 「계사전 키워드 풀이」에서 '대연지수'에 관하여 상세하게 풀이하였다(302p.). 이를 참고하기 바람.

[八卦의 上下 結合으로 이루어지는 64卦圖]

八卦(下) \ 八卦(上)	天	澤	火	風	雷	水	山	地
天	1. 乾	43. 夬	14. 大有	9. 小畜	34. 大壯	5. 需	26. 大畜	11. 泰
澤	10. 履	58. 兌	38. 睽	61. 中孚	54. 歸妹	60. 節	41. 損	19. 臨
火	13. 同人	49. 革	30. 離	37. 家人	55. 豊	63. 旣濟	22. 賁	36. 明夷
風	44. 姤	28. 大過	50. 鼎	57. 巽	32. 恒	48. 井	18. 蠱	46. 升
雷	25. 无妄	17. 隨	21. 噬嗑	42. 益	51. 震	3. 屯	27. 頤	24. 復
水	6. 訟	47. 困	64. 未濟	59. 渙	40. 解	29. 坎	4. 蒙	7. 師
山	33. 遯	31. 咸	56. 旅	53. 漸	62. 小過	39. 蹇	52. 艮	15. 謙
地	12. 否	45. 萃	35. 晉	20. 觀	16. 豫	8. 比	23. 剝	2. 坤

작성 : 이시환 2023.04.20.ⓒ

제10장

역에는 성인의 도 네 가지가 있다. (곧,) 말하는 것으로 그 말씀을 숭상하고, 움직이는 것으로 그 변화를 꾀하며, 그릇을 만드는 것으로 그 상을 숭상하고, 점치는 시초로써 그 점을 주관한다. 이로써 군자는 할 일이 있어 실천하고, 행동할 일이 있어 실행해 옮기고, 묻고 대답함으로써 그 명을 받음이 메아리 울림과 같다. 있고 없음, 멀고 가까움, 고요하고 깊음 (등으로) 만물이 다가옴을 두루 안다. 천하의 지극한 정밀함이 아니면 그 누가 이와 함께 하겠는가.

다섯 번 변하는 절차를 세 차례 (되풀이 하여 한 효를 만들고), 그 수를 모으고 섞어서 그 변화에 통함으로써 마침내 천하의 문채(이치)를 이루고, 그 수를 다하여 마침내 천하의 상(괘)이 정해진다. 천하의 지극한 변화가 아니면 그 누가 이와 함께 하겠는가.

역은 생각함이 없고, 함이 없으며, 움직이지 않아 고요하기에 느끼어서 천하의 연고와 두루 통하게 된다. 천하의 지극한 신묘함이 아니면 그 누가 이와 함께 하겠는가.

무릇, 역이란 성인의 나아갈 바로 지극히 심오하여 기미를 자세히 밝힌다. 오직 심오한 까닭에 천하의 뜻과 통할 수 있고, 오직 기미인 까닭에 천하의 일을 이룰 수가 있으며, 오직 신묘한 까닭으로 빠르게 행하지 않아도 신속하고, 행하지 않아도 이룬다. 공자 이르되, '역에 성인의 도 네 가지가 있다' 함은 이를 두고 말함이다.

역(易)에 있다는 네 가지 성인지도(聖人之道)를 설명했다. 곧, 역에는 ①말씀(辭) ②변화(變) ③상(象) ④점(占=數)이 있고, 이 역을 통해서 성인은 말하고(言), 움직이고(動), 문물제도, 그릇을 만들고(製器), 시초로써 점을 쳐 다가옴을 아는(占) 데에 그 의미와 목적이 있다고 밝혔다. 이 역도(易道)에는 ⓐ지정(至精:지극한 깨끗함, 지극한 정밀함) ⓑ지변(至變:지극한 변화) ⓒ지신(至神:지극한 신묘함) ⓓ지심(至深:지극한 깊이)이라고 하는 네 가지 특징이 있다.

第十章

易有聖人之道四焉. 以言者尚其辭, 以動者尚其變, 以制器者尚其象, 以卜筮者尚其占. 是以君子將有爲也, 將有行也, 問焉而以言, 其受命也如響. 无有遠近幽深, 遂知來物. 非天下之至精, 其孰能與于此.

參伍以變, 錯綜其數, 通其變, 遂成天下之文, 極其數, 遂定天下之象. 非天下之至變, 其孰能與于此.

易无思也, 无爲也, 寂然不動, 感而遂通天下之故. 非天下之至神, 其孰能與于此.

夫易, 聖人之所以極深而研幾也. 唯深也, 故能通天下之志, 唯幾也, 故能成天下之務, 唯神也, 故不疾而速, 不行而至. 子曰 '易有聖人之道四焉' 者, 此之謂也.

📢

- 尙(상) : 오히려, 더욱이, 또한, 아직, 숭상하다, 높이다, 자랑하다, 주관하다, 꾸미다, 더하다 등의 뜻이 있으나 여기서는 '높이다', '숭상하다', '주관하다' 등으로 해석하였음.
- 者(자) : 대개, '사람'이라고 해석하나 여기서는 '~것'으로 해석함이 옳다고 보았다. 왜냐하면, 역(易)에는 사(辭), 변(變), 상(象), 점(占) 등 4가지 본질적 요소가 있는데 성인이 이것을 언(言), 동(動), 제기(製器), 복서(卜筮)로 실천하기 때문이다.
- 制(제) : 절제하다, 억제하다, 금하다, 마름질하다, 짓다, 만들다, 맡다 등의 뜻이 있으나 여기서는 '만들다'의 뜻으로 해석하였음. '製(제)'와 같은 의미로 쓰였다고 판단함.
- 將(장) : 장수, 장차, 문득 등의 뜻이 있는 이 '將(장)'은 동사로는 거느리다, 인솔하다, 기르다, 양육하다, 동반하다, 향하다, 행동으로 옮기다, 나아가다, 발전하다, 받들다 등의 뜻으로도 사용됨. 여기서는 '행동으로 옮기다', '실천하다'로 해석하였음.
- 遂(수) : 드디어, 마침내, 두루, 널리, 이루다, 생장하다, 끝나다, 가다, 나아가다, 답습하다 등 다양한 의미로 쓰이나 여기서는 '두루', '널리'의 뜻으로 해석하였음.
- 參伍以變(삼오이변) : 다섯 번 변하기를 세 차례 하여 한 효(爻)를 만드는 절차를 줄여서 설명하는 말임. 계사 상전 제9장에 나온 내용임. 대연지수 50을 가지고 하나를 제외시키고①, 49을 가지고 양의를 상징하여 두 뭉치

로 나누고②, 음을 상징하는 뭉치에서 하나를 빼내어서 손가락에 걸어 삼
재를 상징하고③, 음과 양을 상징하는 뭉치를 각각 4로 헤아려서 사시를
상징하고④, 남는 두 수를 합쳐서 윤달을 상징하는 절차⑤를 세 번 함으로
써 한 효가 만들어진다. 그래서 6효 중괘를 만들려면 18번을 반복해야 한
다. 따라서 '參伍以變(삼오이변)'이란 말은 효를 짓는 절차를 줄여서 한 말
이다. 「괘(卦) 짓는 방법」이란 제목의 글(185p.)을 참고하면 쉽게 이해되
리라 봄.

- 錯(착) : 어긋나다, 섞다, 썩이다, 꾸미다, 도금하다, 번다하다, 어지럽히다
  뜻이 있고, 錯(조)로는 두다, 처리하다, 시행하다, 편안하다, 급박하다, 허
  둥지둥하다 뜻이 있음. 여기서는 '섞다'로 해석하였음.
- 硏(연) : 갈다, 문지르다, 궁구하다, 연구하다, 탐구하다, 자세하게 밝히다
  등의 뜻이 있음. 여기서는 '자세하게 밝히다'로 해석하였음.
- 疾(질) : 동사로는 병을 앓다, 괴롭다, 해치다, 근심하다, 나쁘다, 불길하다,
  미워하다, 꺼리다, 빠르다, 신속하다 등의 뜻이 있음. 여기서는 '빠르다'로
  해석하였음.

제11장

공자께서 이르되, "무릇, 역이란 무엇을 하는 것인가? 대저, 역이란 만물을 열어서 일을 이루되 천하의 도로 나아감과 같을 뿐이로다." (라고 했다). 이러함으로 성인은, (역으로써) 천하의 뜻과 통하고, 천하의 사업을 결정하고, 천하의 의심을 끊는다. 이러함으로 시초의 덕은 원만하고 신묘하며, 괘의 덕은 방향(→공간)으로 드러나고, 육효의 뜻은 바뀜(→변화)으로써 이바지한다.

성인은 이로써 몸과 마음을 단정히 하고, 조용한 곳으로 물러나 간직하며, 길흉과 더불어 백성의 근심을 함께한다. 다가옴을 신묘하게 드러내고, 지나간 것을 간직하여 드러내는데 그 누가 이와 함께 하겠는가. 옛적의 총명하고, 밝은 지혜가 있으며, 무예가 출중한, 죽이지 아니하는 덕자(德子)로구나. 이(괘효)로써 하늘의 도를 밝히고, 백성의 연고를 살피어 이 신묘한 물건을 일으키어서 백성이 사용하도록 인도하였다. 성인이 이에 몸과 마음을 깨끗이 하고 그 덕을 신묘하게 밝히었도다.

이런 까닭으로 문 닫는 것을 '곤(坤)'이라 하고, 여는 것을 '건(乾)'이라 하는데 (그) 열고, 닫음을 일컬어 '변(變)'이라고 하며, 오고 감이 끝없는 것을 '통(通)'이라 한다. 이내 드러나는 것을 '상(象)'이라 하고, 이내 형상으로 짓는 것을 '그릇'이라 하며, 마름질하여 사용함을 '법(法)'이라 하고, 들고남을 이롭게 써서 백성이 다 사용하는 것을 '신(神)'이라 한다. 이런고로 역에는 태극이 있고, 태극은 양의를 낳으며, 양의는 사상을 낳으며, 사상은 팔괘를 낳으니, 팔괘가 길흉을 결정하고, 길흉은 대업을 낳는다.

그러므로 천지보다 큰 법상이 없고, 사시보다 큰 변통이 없으며, 일월(日月)보다 밝게 나타난 큰 상이 없고, 부귀보다 큰 숭고함이 없다. 물건을 갖추어 쓰게 하고, 그릇을 만들어 천하를 이롭게 함이 성인보다 큰 이가 없다. 깊고 은밀한 이치를 탐색하고, 깊고 멀리 있는 이치를 끌어올리고 불러서 천하의 길흉을 분별하는 시귀(蓍龜)보다 큰 천하의 부지런한 것은 없다.

이러함으로 하늘이 신물(神物)을 낳고, 성인이 이를 본보기로 삼고, 천지가 변화하매 성인이 이를 본받아, 하늘에 드리워진 상으로 길흉을 보고 성인이 그려내었다. 강에서 하도(河圖)가 나오고, 땅에서 낙서(洛書)가 나와 성인이 이를 본보기로 삼아 역에 있는 사상(四象)을 드러냄이라. 길흉을 정하고 분별하여 말을 엮어서 알리었다.

📢
역(易)의 의미와 그것이 만들어진 배경과 그 기능을 중심으로 설명했는데, 그 설명 방법을 주의해서 살펴야 이 장의 내용이 온전히 이해된다. 건곤(乾坤)의 도가 먼저 있었고, 그 건곤의 도를 읽을 수 있었던, 다시 말해, 깨달을 수 있었던 '성인(聖人)'이라는 존재가 있어서 그 건곤의 도를 괘(卦), 효(爻), 사(辭), 변(變) 등으로써 역도(易道)를 드러낼 수 있었으며, 이 양자(건곤:역) 관계를 비교적 장황하게 설명했다. 그리고 역이 만들어지는 데에는 하도낙서가 그 본보기가 되었다는 점을 끝으로 붙였다. 그래서 하도낙서가 무엇인지를 또한 알아야 한다. 이 하도낙서에 관해서는 역자의 다른 글 「하도낙서(河圖洛書)와 주역(周易)에 관하여」, 「하도(河圖) 낙서(洛書)에 관하여」 등을 참고하기 바란다. 단, 「하도(河圖) 낙서(洛書)에 관하여」는 이 책의 304 페이지에 있음.

第十一章

子曰 "夫易何爲者也. 夫易開物成務, 冒天下之道, 如斯而已者也." 是故聖人以通天下之志, 以定天下之業, 以斷天下之疑. 是故蓍之德圓而神, 卦之德方以知, 六爻之義易以貢.

聖人以此洗心, 退藏于(於)密, 吉凶與民同患. 神以知來, 知以藏往, 其孰能與于此哉. 古之聰明睿知神武而不殺者夫. 是(時)以明于天之道, 而察于(於)民之故, 是興神物以前民用. 聖人以此齋戒 以神明其德夫.

是故闔戶謂之坤, 辟(闢)戶謂之乾, 一闔一辟謂之變, 往來不窮謂之通. 見乃謂之象, 形乃謂之器, 制而用之謂之法, 利用出入 民咸用之謂之神. 是故易有太極, 是生兩儀, 兩儀生四象, 四象生八卦, 八卦定吉凶, 吉凶生大業.

是故法象莫大乎天地, 變通莫大乎四時, 顯象著明莫大乎
日月, 崇高莫大乎富貴. 備物致用 立成器以爲天下利 莫大
乎聖人. 探賾索隱 鉤深致遠 以定天下之吉凶, 成天下之亹
亹者, 莫大乎蓍龜.

是故天生神物, 聖人則之, 天地變化, 聖人效之, 天垂象 見
吉凶, 聖人像之. 河出圖 洛出書 聖人則之, 易有四象 所以
示也. 系辭焉 所以告也 定之以吉凶 所以斷也.

- 冒(모) : 무릅쓰다, 나아가다, 이기다, 거짓으로 대다, 덮다, 씌우다, 가리다 등의 의미가 있음. 여기서는 '나아가다'로 해석하였음.
- 天下之道, 天下之志, 天下之業, 天下之疑 : 천하의 道, 志, 業, 疑 등이 있고, 이들은 冒 - 道, 通 - 志, 定 - 業, 斷 - 疑 등의 관계로 정리되었는데 이를 분별하면 쉽게 역(易)의 의미를 이해할 수 있다.
- 蓍(시) : 筮(서)와 같음.
- 貢(공) : 바치다, 이바지하다, 천거하다, 고하다, 나아가다, 무너지다 등의 뜻이 있음. 여기서는 '이바지하다'로 해석하였음.
- 易(역)의 3대 요소 : ①蓍之德 - 圓而神, ②卦之德 - 方而知, ③六爻之義 - 易而貢 : 시초, 괘, 효의 기능에 대하여 설명하는 일련의 말에 대하여 분명하게 이해할 필요가 있음. '圓而神'은 '막힘없이 원만하고 신묘함'으로 해석했고, '方而知'는 '정해진 방향 없이 두루, 온 누리에 드러남'으로 해석했으며, '易而貢'은 '바뀌어 이바지함'으로 해석했다.
- 密(밀) : 빽빽하다, 촘촘하다, 빈틈없다, 자세하다, 꼼꼼하다, 조용하다, 깊숙하다, 숨기다, 은밀하다, 삼가다 등의 다양한 뜻이 있으나 여기서는 '조용하다' 뜻으로 해석하였음.
- 중국에서는 어조자 '于(우)'가 쓰였으나 우리나라에서는 같은 의미인 '於(어)'가 쓰였음.
- 神物(신물): '하도(河圖) 낙서(洛書)'라고 말하는 이들도 있으나 '괘(卦)'를 말한다고 판단됨. 물론, 이 장의 끝에 나오는 신물(神物)은 하도낙서를 의미함. 결과적으로, 하늘이 내어준 신물, 하도낙서를 통해서 성인이 괘를 만들었다는 뜻이기도 함.
- 夫(부): '~도다', '~로구나'(감탄사)로 해석하였음.
- 是(시) : 한국에서는 '時(시)'로 표기되었으나 '是(시)'가 옳다고 판단됨.
- 辟(벽) : 한국에서는 '闢(벽)'으로 표기되었음.
- 闔戶 - 辟(闢)戶 : 문을 닫고, 문을 열음. 闔(합)은 '문짝', '문을 닫다', '간직하다' 등의 뜻이 있고, 闢(벽)은 '열다', '열리다'의 뜻이 있음.
- 前(전): '인도하다'의 뜻으로 해석하였음.

- 聖人 → 洗心 → 齋戒 : 하늘에 드리운 상[뜻]을 읽고, 그것을 형상화하여 괘를 만들고, 이 괘를 만민이 사용하도록 하는 과정에서 성인은 몸과 마음을 깨끗이, 단정하게 하고 임했다는 뜻이다.
- 시귀(蓍龜) : 시초(蓍草:점을 치는 막대기)와 귀갑(龜甲:거북의 등 껍데기)을 말함. 이 두 가지로써 고대인이 길흉을 점치는 데에 사용했다고 함.
- 하도낙서(河圖洛書) : 중국 고대 문명적 함의가 내재된 도식(圖式)으로, 역(易)과 음양오행(陰陽五行)과 천문(天文) 발달의 기초가 된 전설적이면서도 상징적인 도안(圖案)이다. 자세한 내용은 다른 글 「하도낙서(河圖洛書)와 주역(周易)에 관하여」,「하도(河圖) 낙서(洛書)에 관하여」 등을 참고하기 바람.
- 성인(聖人) : 괘를 처음 만들었다고 전해지는 '복희(伏羲)씨'로 판단됨.
- 鉤(구) : 갈고리, 올가미, 갈고리로 걸다, 굽다, 끌어당기다, 끌어올리다, 꾀다, 낚시로 낚다 등의 뜻이 있으나 여기서는 '끌어올리다'로 해석하였음.
- 探賾索隱 & 鉤深致遠 : 동일한 구조의 어구임. 探(탐)과 索(색)이 동사이고, 賾(색)과 隱(은)이 명사임. 그렇듯, 鉤(구)와 致(치)가 동사이고, 深(심)과 遠(원)이 명사로 쓰였음. 글자 그대로 해석하자면, '깊숙한 것을 탐구하고 은밀한 것을 찾는다'가 되겠지만 '깊고 은밀한 이치를 탐색함'이라고 해석하였다. 그렇듯, '깊은 것을 끌어올리고, 멀리 있는 것을 끌어들이다'가 된다. 한 가지 재미있는 것은 탐과 색이 합쳐 '探索(탐색)'이란 용어가 되었지만 구와 치는 '鉤致(구치)'라는 용어를 이루지 못했다는 점이다. 물론, 선대에서 널리 사용하지 않았기 때문인데 '끌어올리고 끌어들여서 드러내 함께 하다'라는 뜻으로 쓰일 수 있다.
- 亹(미) : 힘쓰다, 부지런하다, 흐르다, 달리다, 아름답다 등의 뜻이 있음. 여기서는 '부지런하다'로 해석하였음.

제12장

역에서 이르기를, '하늘이 도우니 불리할 것 없어 길하다.'(라고 했다). 공자께서 이르기를, "돕는다는 것은 거듦이라. 하늘이 거들어 돕는다는 것은 순리이고, 사람이 돕는다는 것은 믿음이라. 순리를 믿고 생각하며 행함이 또한 현인을 숭상함이다. 이로써 '하늘이 도우니 불리할 것 없어 길하다'라고 했다."

공자께서 이르되, "글은 말을 다 담아내지 못하고, 말은 뜻을 다 담아내지 못한다."(라고 했다). 그런즉 성인의 뜻을 드러내 보일 수는 없는가? 공자께서 이르기를, "성인이 상을 세워서 그 뜻을 다 담아내고, 괘를 만들어서 진실과 거짓을 다 담아냈으며, 말씀을 엮어서 그 말을 다 담아내고, 변하고 통함으로써 이로움을 다 담아내고, 장단에 맞추어 춤을 춤으로써 신묘함을 다 담아내었다."(라고 했다). 건곤이 그 역을 간직함인가.

건곤이 줄을 지으니, 역이 그 가운데에 서는구나. 건곤이 이지러지는즉 없음으로써 역을 드러내 보이고(건곤이 사라지면 역도 드러나지 않고), 역이 드러나 보이지 않는 즉 건곤, (그) 기미가 또 자라는가. 이러한 까닭으로 형상을 초월한 것을 일컬어 '도(道)'라 하고, 형상을 드러내는 것을 일컬어 '그릇'이라 하며, 조화(造化)를 일컬어 '변(變)'이라 하며, 밀고 나아감을 일컬어 '통(通)'이라 하고, 천하의 백성에게 들어서 시행하는 것을 일컬어 '사업(事業)'이라고 한다.

이러한 까닭으로 무릇, 상이란 성인이 천하의 깊은 이치를 깨닫고, 그 형용(모양새)을 다 헤아려서 그 만물의 마땅함을 그려냈으니 이를 일컬어 '상(象)'이라 한다. 성인이 천하의 움직임을 깨닫고, 그 움직임의 질서를 관찰하여 이로써 법과 예법으로 삼아 행하였고, 말씀을 엮어서 길흉을 분별하였다. 이러함으로 '효(爻)'라고 일컫는다. 천하의 깊은 이치가 다하는 것은 괘에 있고, 천하의 움직임을 깨우치는 것은 말씀에 있으며, 변화시켜 만드는 것은 변(變)에 있고, 밀고 나아감은 통(通)에 있으며, 신묘하고 밝음은 그 사람에게 있으며, 말없이 이루고, 말하지 않고 믿는 것은 그 덕행에 있다.

천지지도(天地之道)와 역도(易道)의 관계, 그리고 그 기능을 종합적으로 설명했다. 곧, 천지지도에는 건곤(乾坤)이 있고, 이 건곤은 상(象)으로서 '변(變)'과 '통(通)'을 통해서 만물을 화생(化生)시키는 덕행을 쌓지만, 형이상(形而上)으로서 시종 말이 없다. 그렇듯, 성인이 그 상을 꿰뚫어 보고 괘(卦), 효(爻), 사(辭)로써 그려낸(像) 형이하(形而下)인 그릇(器 = 卦)을 통해서 군자를 비롯한 모든 사람이 덕행을 쌓도록 했다는 논리이다. 그러니까, 천지지도, 건곤지도, 음양지도 등이 사실상 같은 의미로 쓰이는데, 이 천지지도를 본보기로 삼아서 성인이 역을 만들었고, 그 역은 괘(卦), 효(爻), 사(辭), 변(變 = 數, 占) 등으로 이루어졌다는 것이다. 더 간단히 말하면, 천지지도를 본받아 만든 역으로써 인간이 전례(典禮)를 행하고, 그에 따라야 한다는 것이다. 그럼으로써 천지지도와 역도를 동일시하고 있고, 나아가 인도(人道)와도 동일시하고 있다.

第十二章

易曰 '自天佑之, 吉无不利.' 子曰 "佑者, 助也. 天之所助者, 順也 人之所助者, 信也. 履信思乎順, 又以尙賢也. 是以 '自天佑之, 吉无不利'也."

子曰 "書不盡言, 言不盡意." 然則聖人之意 其不可見乎? 子曰 "聖人立象以盡意, 設卦以盡情僞, 系辭焉以盡其言, 變而通之以盡利, 鼓之舞之以盡神." 乾坤, 其易之蘊(縕)邪?

乾坤成列而易立乎其中矣. 乾坤毀則无以見易, 易不可見則乾坤或幾乎息矣. 是故 形而上者謂之道, 形而下者謂之器, 化而裁之謂之變, 推而行之謂之通, 擧而錯之天下之民謂之事業.

是故 夫象, 聖人有以見天下之賾, 而擬諸其形容, 像(象)其物宜, 是故謂之象. 聖人有以見天下之動, 而觀其會通, 以行其典禮, 系辭焉以斷其吉凶, 是故謂之爻. 極天下之賾者存乎卦, 鼓天下之動者存乎辭, 化而裁之存乎變, 推而行之存乎通, 神而明之存乎其人, 默而成之, 不言而信, 存乎德行.

- 自天佑之, 吉无不利. : 화천대유괘(火天大有卦) 상구(上九) 효사(爻辭)임.
- 蘊(온): 어떤 책에서는 뜻이 다른 '縕(온)'으로도 표기되었으나 쌓을 '蘊(온)'이 옳다고 판단됨. 여기서는 '간직하다', '감추다'의 뜻으로 해석하였음.
- 息(식) : 숨을 쉬다, 호흡하다 등의 뜻도 있지만 자라다, 키우다 뜻도 있음.

여기서는 '자라다', '키우다'의 뜻으로 해석하였음.

- 錯(조) : '措(조)'로도 표기한 곳도 있으나 어느 것으로 쓰든 둘 다 '두다', '처리하다', '시행하다' 등의 의미라고 판단됨. 해석상으로는 '錯'보다 '措'가 더 가까운 자(字)라고 판단됨.
- 像物宜 : '像(상)'을 '象(상)'으로 표기한 곳도 있으나 혼용해서 쓰이기도 함.
- 擬(의) : '본뜨다', '헤아리다' 뜻으로 해석하였음.
- 會通(회통) : 중어로는 '정통하다', '훤히 알다'라는 뜻도 있는데, 여기서는 '천하가 움직이어 서로 통함'을 뜻한다고 해석하였음.
- ①極天下之賾者, ②鼓天下之動者, ③化而裁之, ④推而行之, ⑤神而明之, ⑥默而成之 , ⑦不言而信 : 이 일곱 가지 일들이 일어나게 하는 것이 바로 역(易)의 괘(卦), 사(辭), 변(變), 통(通), 인(人), 덕행(德行) 등에 있음을 말한 것이다. 이를 뒤집어 말하면, 괘는 천하의 깊은 이치를 담아내고, 괘의 말씀인 괘사는 천하의 움직임을 깨우쳐주는 것이고, 역의 변은 만물을 변화시켜 만들어내는 것이며, 역의 통은 음양이 밀고 나아감이며, 사람은 천하의 이치를 신묘하고 밝히는 주체이며, 역과 사람의 덕행이 묵묵히 이루고 말하지 않지만 믿을 수 있는 유일한 것이라는 뜻이다.
- 化而裁之 : 변화시켜 만드는 것
- 裁(재) : (옷을) 마르다, 자르다, 짓다, 만들다, 결단하다, 분별하다, 절제하다, 깎다 등 다양한 의미로 쓰이나 여기서는 '만들다', '짓다' 의 뜻으로 해석하였음.
- 斷(단) : 원래는 끊다, 나누다, 결단하다 등의 뜻이 있으나 여기서는 '분별하다'의 뜻으로 해석하였음. 吉(길)과 凶(흉)을 나누는 일에는 왜 길하고 흉한지를 분별하는 일이 전제되기 때문이다.
- 鼓(고) : 북, 북소리, 맥박, 고동, 치다, 두드리다, 연주하다, 격려하다, 부추기다 등 다양한 뜻이 있으나 여기서는 '두드리다', '깨우치다'로 해석하였음.

繫辭 下傳

계사 하전

제1장~제12장

제1장

팔괘가 줄지어 성립하니 그 가운데 형상이 있고, (그 형상이) 중첩되어 그 가운데 효가 있다. 강과 유가 서로 밀어서 그 가운데 변화가 있다. 말을 엮어서 알리니 그 가운데 움직임이 있다.

길흉과 회린은 움직이는 데에서 생기고, 강과 유는 근본을 세우는 것이며, 변하고 통하는 것은 때에 맞추어 행하는 것이다. 길흉은 곧바르게 이기는 것(대상)이고, 천지의 도는 곧바르게 보는 것이고, 일월의 도는 곧바르게 밝은 것이다. 천하의 움직임은 저 곧바른 한결같음에 있다.

대저, 건이란 사람에게 확연하게 보이어 쉽고, 무릇, 곤이란 사람에게 순하게 보이어 간단하다. 효라는 것이 이 건곤을 드러낸 것이고, 형상이란 것은 이 건곤을 그린 것이다. 효상은 안에서 움직이어 밖으로 길흉을 드러내고, 변화로써 그 작용을 드러내며, 말씀으로써 성인의 뜻을 드러낸다. 천지의 큰 덕은 '낳음'에 있고, 성인의 큰 보배는 '자리'에 있다. 어떻게 자리를 지키는가? 이른바, '어짊'이다. 어떻게 사람을 모으는가? 이른바, '재물(문물제도 = 괘효)'이며, 괘효의 이치와 바른말로써 백성이 해서는 아니 될 것을 금하는, 이른바 '의(義)'에 있다.

괘(卦)와 효(爻), 그리고 말씀(卦爻辭)의 의미를 밝혔다. 곧, 괘에는 상(象)이 있고, 효에는 변(變)이 있으며, 말씀은 그 움직임[動]을 알려준다. 그리고 움직임에서 길흉회린이 생기고, 강(剛)과 유(柔)가 서로 밀어서 변하는 것이 가장 근원적인 바탕이며, 변통(變通)은 오직 때를 따른다는 것이다. 그러면서, 하늘과 땅의 관계, 해와 달의 관계, 천하의 모든 움직임 등을 그 예로 들었다. 하늘과 땅의 관계를 '천지(天地)', '건곤(乾坤)'으로 말하면서 역(易)의 괘와 효가 다 이 건곤에서 비롯되었음을 말하고, 동시에 그것의 기능[作用]을 말했다. 곧, 천지가 '생(生:낳음)'에 그 바탕을 둔다면 성인은 자리(位)에 두며, 성인군자는 '인(仁)'을 근원으로 하여 '의(義)'를 행함에 있다는 것이다. 한마디로 말해서, 천지와 괘효 관계를 '天地 - 時 - 生, 卦爻 - 變通 - 仁義'라는 의미로 해석하였는데 이는 계사 집필자가 유가(儒家)의 최종적 가치관인 仁義禮智로 천지와 역을 이해하고, 해석했다는 증거이다. 쉽게 말하자면, 역(易)에 유가 철학이 덧씌워졌다고 본다.

'천지(天地)의 대덕(大德)이 생(生)에 있고, 성인(聖人)의 대보(大寶)가 자리[位]에 있으며, 그 자리를 지킬 수 있게 하는 것이 바로 인(仁)과 의(義)라는 판단'에 대해서는 별도의 연구가 필요하다.

第一章

八卦成列, 像在其中矣, 因而重之, 爻在其中矣. 剛柔相推, 變在其中焉. 系辭焉而命之 動在其中矣.

吉凶悔吝者生乎動者也, 剛柔者立本者也, 變通者趨(趣)時者也. 吉凶者貞勝者也, 天地之道貞觀者也, 日月之道貞明者也, 天下之動貞夫一者也.

夫乾确然示人易矣 夫坤隤然示人簡矣. 爻也者 效此者也, 象也者 像此者也. 爻象動乎內, 吉凶見乎外, 功業見乎變, 聖人之情見乎辭. 天地之大德曰生 聖人之大寶曰位. 何以守位. 曰仁. 何以聚人. 曰財, 理財正辭 禁民爲非曰義.

- 像(상) : 우리 한국에서는 '象(상)'으로 표기되었으나 '像(상)'이 옳다고 봄.
- 命(명) : 가르치다, 알리다, 이름짓다, 이름을 붙이다 등의 뜻이 있음. 여기서는 '알리다'의 뜻으로 번역하였음.
- 趍(추) : 달아나다, 뒤쫓다 등의 뜻이 있으나 여기서는 '따라 행하다'의 의미로 번역하였음. 우리 한국에서는 '趣(취)'로 표기되었음.
- 吉凶悔吝 - 動, 剛柔 - 本, 變通 - 時, 天地之道 - 貞觀, 日月之道 - 貞明, 天下之動 - 貞夫一 : 이 여섯 개의 대비를 인지할 필요가 있다. 문장의 동사 '~이다' 뜻인 '是'가 빠져 있기 때문이지만 있다고 보고 해석하면 한결 쉬워진다. '~은 ~에 있다'라는 구조로 되어 있기에 해석하기에 아주 간단하다. '天地(천지)', '日月(일월)', '天下(천하)' 등과 짝이 되는 말에는 '貞(정)'이 붙어있는데 이 정은 어떤 상태를 보조적으로 설명하는 수식어이다. 곧, 觀(관), 明(명), 一(일)에 붙어서 '처음부터 끝까지 변하지 않는'이라는 '곧바름' 또는 '올곧음'의 뜻으로 사용되었다고 판단된다. 사실, 주역의 본문에서는, 그러니까, 64괘의 괘사·효사·상사에서 이 '貞(정)'이 무려 142번이나 사용되었는데 절대다수는 이를 '正(정)'으로 해석한다. 하지만 이 正(정)과는 다른 뉘앙스가 있다. 그것은 처음부터 끝까지 변하지 않는 바름이다. 그래서 '곧바름'이라고 해석해야 하는데 이 역시 썩 마음에 들지는 않는다.
- 夫(부) : 3인칭 대명사 '저'로 해석하였음.
- 确然(학연) - 隤然(퇴연) 대칭. 确(학) : 자갈땅, 굳다, 단단하다, 정확하다 등의 뜻이 있음. 隤(퇴) : 무너지다, 무너뜨리다, 넘어지다, 순하다, 기울다 등의 뜻이 있음. 여기서는 '단단하다', '순하다' 뜻으로 각각 해석하였음. 이 '确(학)' 대신에 우리 한국에서는 '確(확)'으로 표기하고 있음.
- 功業(공업) : 천지(天地)의 상(象)이 형상화된 괘효(卦爻)의 뛰어난 구실, 작용 등을 일컫는다.

제2장

옛사람 포희(伏羲) 씨가 천하의 왕이었을 때, 우러러보아 하늘의 상을 통찰했고, 굽어보아 땅의 법칙[法道]을 통찰했다. '금수의 문채'와 더불어 땅의 마땅함을 관찰했다. 가깝게는 이 몸에서 취하고, 멀게는 저 만물에서 취하고, 천지신명의 덕과 통하고, 만물의 뜻을 분류하여 비로소 팔괘를 만들었다. 줄을 잇고 매듭지어서 그물을 만들고, 그것으로써 사냥하고 물고기를 잡았는데 다 '이괘'에서 취하였다.

포희 씨가 죽고, 신농씨가 출현하여 나무를 잘라 보습을 만들고, 나무를 휘어서 가래를 만들고, 가래로 김매는 이로움을 천하에 가르쳤으니, 다 저 '익괘'에서 취하였다. 한낮에는 시장이 되어 천하의 사람과 천하의 재물이 모이어 교역이 이루어지고 물러나니 각자에게 이득이 되었다. 다 저 '서합괘'에서 취하였다.

신농씨가 죽고 황제, 요, 순 씨가 출현하여 그 변화를 통찰하고 백성으로 하여금 게으르지 않게 하고, 신묘하게 조화를 이루어서 화목하게 하였다. 역은 궁한즉 변화하고, 변화한즉 통하고, 통한즉 오래 간다. 이로써 '하늘이 도와서 불리함이 없어 길하다.'(라고 역에서 말했다). 황제, 요, 순이 의상을 드리우고(입고서) 천하를 다스리었으니 다 저 '건괘'와 '곤괘'에서 취하였다. 나무를 깎고 파내어서 배와 노를 만들어 그 이로움으로써 통할 수 없는 먼 곳까지 건너가게 되어 천하를 이롭게 했는데 다 저 '환괘'에서 취했다. 소와 말을 부리어서 무거운 것을 멀리까지 이르게 함으로써(운반함으로써) 천하에 이로움을 주었는데 다 저 '수괘'에서 취했다. 딱따기로 문을 두들겨서 폭객을 막았는데 이는 다 '예괘'에서 취했다. 나무를 잘라서 공이를 만들고, 땅을 파서 절구를 만들고, (이)공이와 절구의 이로움으로 백성을 구제하니 다 저 '소과괘'에서 취했다. 나무를 휘어서 활을 만들고 나무를 깎아서 시위를 만들어, 활과 시위의 이로움으로써 천하에 위엄을 드러내 보이니 다 저 '규괘'에서 취하였다.

상고시대에는 들에서 구덩이 생활을 했는데 후세에 성인이 집을 지어 생활하는 것으로 바꾸었다. 위로는 용마루를 놓고 아래로는 지붕 처마로써 비바람에 대비했다. 다 저 '대장괘'

에서 취하였다. 옛적엔 장례라는 것은 들 가운데에서 지냈는데 두꺼운 옷 [수의(襚衣) 대신에] 잡풀로써 덮고 나무로써 덮어 봉하지도 않고, 그 장례 기간도 (따로) 없었다. 후세에 성인이 관곽(棺槨)으로써 바꾸었는데 다 저 '대과괘'에서 취하였다. 아주 옛적에는 끈을 연결하여 다스렸으나 후세에 성인이 서계(書契)로 바꾸었고, 모든 관리가 이로써 다스리고, 백성이 이로써 살피어 알게 했으니, 다 저 '쾌괘'에서 취하였다.

이 장에서는 중국 상고사(上古史)에서 빛나는 업적을 이룬 다섯 왕의 치적(治績)을 약술하면서 그 치적이 주역(周易)의 괘(卦)에서 터득되고 실행되었다는 주장을 편다. 한마디로 말해, 괘의 효용성을 부각하려는 의도가 엿보이는데 그들의 치적과 해당 괘의 상관성에 대해서는 좀 더 깊은 연구가 필요하다고 본다. 여기서 다섯 명의 왕이란 ①복희씨(伏羲氏) ②황제(黃帝) ③신농씨(神農氏) ④요(堯)임금 ⑤순(舜)임금 등이고, 관련된 12개의 괘는 ①중화리괘(重火離卦) ②풍뢰익괘(風雷益卦) ③화뢰서합괘(火雷噬嗑卦) ④중천건괘(重天乾卦) ⑤중지곤괘(重地坤卦) ⑥풍수환괘(風水渙卦) ⑦택뢰수괘(澤

雷隨卦) ⑧뇌지예괘(雷地豫卦) ⑨뇌산소과괘(雷山小過卦) ⑩화택규괘(火澤 睽卦) ⑪뇌천대장괘(雷天大壯卦) ⑫택천쾌괘(澤天夬卦) 등이다. 참고로, 현 재 중국 바이두 백과사전에 기록된, 이들 오황(五黃)의 치적을 약술하면 아 래와 같다. 아래 내용은 이 계사 내용과 무관하게 정리한 것일 뿐이니 그저 참고하기 바란다. 중요한 사실은, 계사 집필자가 이들 다섯 왕의 치적이 다 易(역)의 卦(괘)에 그 뿌리를 두고 있다고 인식한 점이다.

① 복희(伏羲) : 구석기시대, 华夏民族 人文先始로서 중국 삼황(三皇:①燧 人 ②伏羲 ③神農) 가운데 한 분임. 태극(太極), 팔괘(八卦), 문자(文字) , 어렵(渔猎) , 혼인(婚姻) 제도 등 창조하였다고 함.

② 황제(黃帝) : 기원전 2717 ~ 기원전 2599, 화하(華夏) 부락 통치자로서 가옥(家屋) 의상(衣裳) 거선(車船) 진법(陣法) 음악(音樂) 기구(器具) 정전 (井田) 등을 창조하였다고 함.

③ 신농씨(神農氏) : 생존연대 미정, 중국(中國) 상고(上古)시대 부락 통치자 인 '염제(炎帝)'를 말함. 별명으로 赤帝, 農皇, 神農大帝, 五穀神農大帝 등이 있으며, 의약(醫藥), 도기(陶器), 쟁기 보습 등의 농기구, 집단거주하 는 도시 건설 등을 창조하였다고 함.

④ 요(堯)임금 : 기원전 2447 ~ 2307 또는 기원전 2377 ~ 기원전 2259로 추정함. 중국(中國) 상고(上古)시대 부락연맹 통치자로서 치수(治水) 농 경 사업 치중, 역법(曆法)을 제정하였다 함.

⑤ 순(舜)임금 : 기원전 2187 ~ 기원전 2067, 중국 상고시대 부락연맹 통치 자로서 후대 유가(儒家) 학설의 기본이 되는 효도(孝道) 제례(祭禮) 등을 강조했다고 하며. 예법 발전에 노력한 것으로 정리되었음.

第二章

古者包犧氏之王天下也, 仰則觀象于天, 俯則觀法于地. 觀
之禽獸文與地之宜, 近取諸身, 遠取諸物, 于是始作八卦,
以通神明之德, 以類萬物之情. 作結繩而爲網罟, 以佃以
漁, 盖取諸离.

包犧氏沒, 神農氏作, 斫木爲耜, 揉木爲耒, 耒耨之利, 以敎
天下, 盖取諸益. 日中爲市, 致天下之民, 聚天下之貨, 交易
而退, 各得其所. 盖取諸噬嗑.

神農氏沒, 黃帝堯舜氏作, 通其變使民不倦, 神而化之使民
宜之. 易窮則變, 變則通, 通則久. 是以自天佑之 吉无不利.
黃帝堯舜垂衣裳而天下治, 盖取諸乾坤. 刳木爲舟, 剡木爲
楫, 舟楫之利, 以濟不通, 致遠以利天下, 盖取諸渙. 服牛乘
馬 引重致遠 以利天下, 盖取諸隨. 重門擊柝 以待暴客, 盖
取諸豫. 斷木爲杵 掘地爲臼 杵臼之利 萬民以濟, 盖取諸

小過. 弦木爲弧 剡木爲矢 弧矢之利 以威天下, 盖取諸睽.

上古穴居而野處, 后世聖人易之以宮室, 上棟下宇, 以待風
雨. 盖取諸大壯. 古之葬者, 厚衣之以薪, 葬之中野, 不封不
樹, 喪期无數. 后世聖人易之以棺槨, 盖取諸大過. 上古結
繩而治, 后世聖人易之以書契, 百官以治,, 萬民以察, 盖取
諸夬.

- 包犧(포희) : 华夏民族 人文先始이자 三皇 가운데 한 사람인 '복희(伏羲)' 의 다른 이름. 이 복희는 宓羲(복희), 庖牺(포희), 包牺(포희), 伏戏(복희), 牺皇(희황), 皇羲(황희) 등으로도 불림.
- 觀(관) : 보다, 보이게 하다, 나타내다, 점치다 등의 뜻이 있음. 여기서는 '보다'라는 기본적인 의미로 세 차례 연속 쓰였는데 '관찰하다', '통찰하다' 등의 뜻으로 해석하였음. 물론, 이와 유사한 의미로 주역에서 사용된 글자 로는 見(견), 示(시), 察(찰), 顯(현), 視(시) 등이 있다.
- 文(문) : 글월, 문장, 어구, 글자, 문서, 채색, 무늬, 학문, 법도, 현상, 얼룩, 빛나다, 꾸미다, 몸에 새기다, 아름답다 등의 뜻이 있으나 여기서는 채색, 무늬, 문채(文彩)로 해석하였음.
- "가깝게는 몸에서 취하고, 멀게는 만물에서 취하고, 천지신명의 덕과 통하 고, 만물의 뜻을 분류해서 비로소 팔괘를 만들었다(近取諸身 遠取諸物 于 是始作八卦 以通神明之德 以類萬物之情)"에서 몸에서 취했다는 것은 설 괘전(說卦傳) 제9장 "乾爲首, 坤爲腹, 震爲足, 巽爲股, 坎爲耳, 离爲目, 艮爲手, 兌爲口."라는 문장과 관련 있고, 물체에서 취했다는 것은 설괘전 제8장 "乾爲馬, 坤爲牛, 震爲龍, 巽爲鷄, 坎爲豕, 离爲雉, 艮爲狗, 兌爲 羊."이라는 문장과 관련되어 있다. 필자가 작성한 [설괘전(說卦傳) 팔괘(八 卦) 설명도(說明圖)]를 참고하기 바람.
- 繩(승) : 노끈, 줄, 먹줄 등의 뜻이 있음.
- 罟(고) : 그물, 어망, 그물질하다 등의 뜻이 있음.
- 佃(전) : 밭 갈다, 경작하다, 사냥하다, 소작하다 등의 뜻이 있음. 여기서는 '사냥하다'로 해석하였음.
- 离(리) : 떠나다, 떼어놓다, 갈라지다, 흩어지다, 가르다, 지나다, 겪다, 산 신령 등의 뜻이 있으나 여기서는 괘의 이름임.
- 作(작) : 짓다, 만들다, 창작하다, 일하다, 행하다, 부리다, 일어나다, 일으 키다 등의 뜻이 있음. 여기서는 '일어나다', '출현하다'의 뜻으로 해석하였 음.
- 斫(작) : 베다, 자르다, 치다, 대리다, 공격하다, 찍다, 도끼날, 큰가래 등의

뜻이 있음.

- 耜(사) : 보습, 쟁기날, 따비로 갈다, 쟁기를 손질하다 등의 뜻이 있음.
- 揉(유) : 주무르다, 순하게 하다, 섞이다, 휘다, 바로잡다 등의 뜻이 있음.
- 耒(뇌) : 가래, 쟁기, 굽정이, 쟁깃술 등의 뜻이 있음.
- 耨(누) : 김매다, 꾸짖다, 호미, 괭이 등의 뜻이 있음.
- 噬嗑(서합) : 噬(서) : 씹다, 먹다, 깨물다, 삼키다, 미치다, 다다르다 등의 뜻이 있음. 嗑(합) : 입 다물다, 웃음소리 등의 뜻이 있음. 여기서는 괘의 이름임.
- 倦(권) : 게으르다, 나태하다, 진력나다, 고달프다, 피곤하다, 걸터앉다, 쇠하다, 줄어들다 등의 뜻이 있음.
- 刳(고) : 가르다, 쪼개다, 파다, 도려내다 등의 뜻이 있음.
- 剡(염) : 날카롭다, 깎다, 삭제하다, 뾰죽하다, 침범하다, 천거하다, 들어올리다, 잣다 등의 뜻이 있음.
- 楫(즙) : 노, 노를 젓다 등의 뜻이 있음.

[설괘전에서의 팔괘 설명도]

8괘 구분	乾 건	坤 곤	震 진	巽 손	坎 감	离 리	艮 간	兌 태	說卦傳 설괘전
身 신 (몸)	首 수 (머리)	服 복 (배)	足 족 (발)	股 고 (넓적다리)	耳 이 (귀)	目 목 (눈)	手 수 (손)	口 구 (입)	제9장
物 물 (만물)	馬 마 (말)	牛 우 (소)	龍 용 (용)	鷄 계 (닭)	豕 시 (돼지)	雉 치 (꿩)	狗 구 (개)	羊 양 (양)	제8장
家族 가족	父 부 (아버지)	母 모 (어머니)	長男 장남	長女 장녀	中男 중남	中女 중녀	小男 소남	小女 소녀	제10장

이시환 작성 ⓒ 2021. 05. 24.

- 服牛乘馬(복우승마) : 服(복) : 옷, 의복, 일, 직책, 직업, 옷을 입다, 따르다, 차다, 몸에 매달다, 복종하다, 뜻을 굽히다, 항복하다, 약을 먹다, 일하다, 행하다, 잡다, 쥐다, 다스리다, 제 것으로 하다 등 다양한 뜻이 있으나 여기서는 '다스리다', '길들이다' 뜻으로 해석했음. 服牛乘馬(복우승마)를 직역하면 '소를 길들이고, 말을 탄다'라는 의미이지만 여기서는 이 둘을 합쳐서 '소와 말을 부리다'로 해석하였다.
- 坼(탁) : 딱따기, 경계하다, 터지다, 갈라지다, 열다, 펼치다 등의 뜻이 있음.
- 渙(환) : 흩어지다, 풀리다, 찬란하다, 빛나다 등의 뜻이 있으며, 여기서는 괘의 이름임.
- 隨(수) : 따르다, 추종하다, 부화(附和)하다, 좇다, 추구하다 등의 뜻이 있음. 여기서는 괘의 이름임.
- 暴客(폭객) : 거친 말과 사나운 행동을 함부로 하는 사람.
- 豫(예) : 미리, 앞서, 기뻐하다, 편안하다, 즐기다, 놀다, 게으르다, 머뭇거리다, 싫어하다, 참여하다, 속이다, 간섭하다 등의 뜻이 있음. 여기서는 괘의 이름임.
- 杵(저) : 공이, 절굿공이, 다듬잇방망이.
- 臼(구) : 절구, 확.
- 杵臼(저구) : 절굿공이와 절구
- 睽(규) : 사팔눈, 사시, 눈을 부릅뜨다 등의 뜻이 있음. 여기서는 괘의 이름임.
- 夬(쾌) : 터놓다, 정하다, 결정하다, 나누다, 가르다 등의 뜻이 있음. 여기서는 괘의 이름임.
- 穴居(혈거) : 穴(혈) : 구멍, 굴, 동굴, 구덩이, 무덤 등의 뜻이 있음. 居(거) : 살다, 거주하다, 있다, 차지하다, 놓여 있다, 자리잡다, 앉다, 집, 무덤 등의 뜻이 있음. 穴居(혈거) : 흙이나 바위 동굴 속에서 삶을 말한다. 바로 여기에서 '穴居野處(혈거야처)', '穴居時代(혈거시대)' 등의 용어가 나왔음.
- 宮室(궁실) : 궁전 안에 있는 방이 아니라 宮(궁)도, 室(실)도 다 '집'을 이르는 말임. 굳이, 구분하자면 상대적으로 큰집은 궁이고, 작은 집은 실이 될

것이다.

- 上棟下宇(상동하우) : 棟(동) : 용마루, 宇(우) : 집, 지붕, 처마 등의 뜻이 있음. 棟宇(동우) :집의 마룻대와 추녀 끝을 말함. 上棟下宇(상동하우) : 위로는 용마루, 아래로는 지붕 또는 처마를 세웠다는 뜻임.
- 待(대) : 기다리다, 대비하다, 갖추어놓고 기다리다, 대접하다, 모시다, 돕다, 의지하다, 더하다, 저축하다, 지속하다 등의 뜻이 있음. 여기서는 '대비하다'의 뜻으로 해석하였음.
- 薪(신) : 섶, 잡초, 풀 등의 뜻이 있음.
- 治(치) : 다스리다, 다스려지다, 병을 고치다, 익히다, 배우다, 견주다, 돕다, 도읍하다, 수양하다, 구걸하다, 공, 공적, 도읍, 정사, 정치, 정도, 조서(調書:조사한 내용을 기록한 문서), 말, 언사 등의 다양한 뜻이 있음. 여기서는 '다스리다'로 해석하였음.
- 小過(소과), 大壯(대장), 大過(대과) : 64괘 가운데 하나들로 다 괘의 이름임.

제3장

이러함으로 '역'이란 것은 상이고, '상'이란 것은 형상이다. '단'이란 것은 자질이요, '효'란 것은 천하의 움직임을 드러낸 것이다. 이러함으로 길흉이 생기어 뉘우침과 부끄러움이 있게 된다.

'역(易) = 상(象) + 상(像) + 단(彖) + 효(爻)'라는 등식으로써 역을 설명했고, 단(彖)은 괘(卦)로서 '자질'이고 '바탕'이라면, 효는 천하의 움직임으로서 길흉을 낳는 인자이고, 그 길흉이 있기에 뉘우침과 부끄러움을 수반한다는 것이다.

第三章

是故易者 象也, 象也者 像也. 彖者 材也, 爻也者 效天下之
動者也. 是故吉凶生而悔吝著也.

📣

- 易 = 象(형상으로 드러나지 않은, 불가시적인 하늘의 뜻, 의지)
- 象 = 像(불가시적인 하늘의 뜻을 가시적인 형상으로 그려낸 것 = 괘)
- 彖 : 괘(卦)에 붙인 '괘사(卦辭)'도, 괘상(卦象)을 설명하는 '단사(彖辭)'도
  아니고, 형상으로 드러낸 3효 단괘(單卦) 혹은 6효 중괘(重卦)를 말함.

- 材(재) : 원래는 재목, 재료, 원료, 자질, 바탕, 보물, 재화 등의 뜻이 있으나 여기서는 '바탕', '자질'의 뜻으로 해석하였음. 효(爻)가 천하의 움직임을 드러낸 것이라면, 괘(卦)는 그 효를 담아낸 그릇, 다시 말해 효로써 조합된 모양체이기 때문에 '바탕', '자질'이라고 봄이 옳다고 생각했다. 특히, 잡괘전(雜卦傳)은 나의 이런 판단에 힘을 보태 준다. 잡괘전은 참고자료로 이곳에 붙이겠음.
- 爻 = 效(천하의 움직임을 드러낸 것).
- 效(효) : 본받다, 배우다, 드러내다, 밝히다, 주다 등의 뜻이 있음. 여기서는 '드러내다'로 해석하였음.
- 悔吝(회린) : 글자 그대로 해석하면 '뉘우침과 인색함', 또는 '후회함과 한탄함' 등으로 해석할 수 있다. 그러나 효사(爻辭) 내용을 읽다 보면 '뉘우치면 길하고, 그 뉘우침에 인색하면 흉하다'라는 의미가 있는 것으로 보아 '吉凶(길흉)'이라는 단어와 연계해서 해석되는 경향이 없지 않다. 만약, 그렇지 않고 독립적으로 사용되었을 때는 '뉘우침과 부끄러움', 또는 '후회와 한탄' 정도의 의미로 해석된다. 여기서는 길흉이 먼저 생기어서 뉘우침과 부끄러움 혹은 한탄이 저절로 나타나는 것으로 해석했다. 이 회린에 대해서는 역자의 다른 글 「주역에서 말하는 '인(吝)'이란 어떤 의미인가?」(205p.)에서 구체적으로 확인할 수 있음.
- 著(저) : 앞 구절의 '生(생)'과 대구(對句) 유의. '나타나다', '드러나다' 뜻으로 해석하였음.
- '잡괘전(雜卦傳)'이란 게 있는데 이는 64가지 괘의 성정(性情)을 그 순서와 관계없이, 하나하나, 혹은 둘씩 묶어서 가장 간단하게 설명한 것이다. 이곳에 원문을 붙이겠지만, 그 몇 가지만 예를 들어 설명하면, "乾 - 剛, 坤 - 柔, 比 - 樂, 師 - 憂"라는 식이다.

[잡괘전(雜卦傳) 原文과 주석(注释)]

《乾》剛《坤》柔, 《比》乐《师》忧. 《临》、《观》之义, 或与或求. 《屯》见而不
失其居, 《蒙》杂而著. 《震》, 起也. 《艮》, 止也. 《损》、《益》盛衰之始也.
《大畜》时也. 《无妄》灾也. 《萃》聚而《升》不来也. 《谦》轻而《豫》怠也.
《噬嗑》食也, 《贲》无色也. 《兑》见而《巽》伏也. 《随》无故也, 《蛊》则饬
也. 《剥》烂也, 《复》反也. 《晋》昼也. 《明夷》诛也. 《井》通而《困》相遇也.
《咸》速也. 《恒》久也. 《涣》离也. 《节》止也. 《解》缓也. 《蹇》难也. 《睽》外
也. 《家人》内也. 《否》、《泰》反其类也. 《大壮》则止, 《遁》则退也. 《大有》
众也. 《同人》亲也. 《革》去故也. 《鼎》取新也. 《小过》过也. 《中孚》信也.
《丰》多故也. 亲寡《旅》也. 《离》上而《坎》下也. 《小畜》寡也. 《履》不处也.
《需》不进也. 《讼》不亲也. 《大过》颠也. 《姤》遇也, 柔遇刚也, 《渐》女归
待男行也. 《颐》养正也. 《既济》定也. 《归妹》女之终也. 《未济》男之穷也.
《夬》决也, 刚决柔也, 君子道长, 小人道忧也.

注释 : ①《杂卦传》:杂取六十四卦, 不依原来顺序加以解说, 所以叫《杂
卦传》. 其解释极简单而用韵, 有些与本义不合, 或只浮在表面, 大概是
前人读《易》扎记略加整理而成的. 其说与《彖传》、《象传》、《序卦传》都间
有不同, 也足以说明《易大传》不出于一人之手. ②见:同现, 出现. ③饬
(chì):整治. ④反:同返, 回去. ⑤故:事. ⑥亲寡, 旅也:按照《杂卦传》先举
卦名, 后作解释的句例, 应作:"旅, 亲寡也."并与"丰, 多故也"对称. ⑦
女归:女子嫁出去. ⑧定:《吕氏春秋》高诱注:"定犹成也."即成功的意思.

제4장

양괘에는 음이 많고, 음괘에는 양이 많은데 그 연유가 무엇인가? 양괘는 기수요, 음괘는 우수이기 (때문이다). 그 덕행은 무엇인가? 양은 한 명의 군자에 두 백성이기에 군자의 도이고, 음은 두 명의 군자에 한 백성이기에 소인의 도이다.

'양괘 = 기수 = 군자지도, 음괘 = 우수 = 소인지도'라는 등식으로 양괘와 음괘를 구분했고, 동시에 군자지도와 소인지도를 구분했다.

第四章

陽卦多陰, 陰卦多陽, 其故何也. 陽卦奇, 陰卦偶. 其德行何
也. 陽一君而二民, 君子之道也, 陰二君而一民, 小人之道
也.

● 양괘(陽卦)와 음괘(陰卦) 구분 : 팔괘는 설괘전(說卦傳)에서 설명한 내용에
근거하여, 특히 설괘전 제10장에서 '乾(건) - 父(부), 坤(곤) - 母(모), 震
(진) - 長男(장남), 巽(손) - 長女(장녀), 坎(감) - 中男(중남), 离(리) - 中

女(중녀), 艮(간) - 小男(소남), 兌(태) - 少女(소녀)'로 각각 빗대어 그 성정을 부여했기에 이것으로써 양괘인지 음괘인지 구분할 수 있다.

그리고 괘의 '획수(劃數)'를 헤아려서 그 수가 홀수이면 양괘이고, 짝수이면 음괘로 판단한다. 또한, 음효(陰爻)와 양효(陽爻)의 수를 헤아려서 양효가 음효보다 많으면 양괘이고, 음효가 양효보다 많으면 음괘로 판단하기도 한다. 단, 여기서 주의할 것은 음효 하나를 획수로 치면 2획이 된다는 점이다. 그러니까, 획수와 음양 효의 수는 다르다는 점을 인지할 필요가 있다. 그러니까, 양괘와 음괘 구분은 팔괘에서만 가능하고 필요한 일이지, 64괘에서는 아무런 의미가 없다. 왜냐하면, 팔괘의 조합으로 64괘가 됨으로 64개의 괘 하나하나를 설명할 때 상·하괘의 관계가 전제되기 때문이다.

- 군자지도(君子之道)와 소인지도(小人之道) 구분 : 주역 본문(괘사, 효사, 상사)에서는 '군자(君子)'라는 단어가 85회 사용되었고, '소인(小人)'이라는 단어가 19회 사용되었는데 이 두 개념을 정확히 구분, 정리해 놓고 사용한 것은 아니다. 따라서 그 쓰임새를 분석하여 그 개념들을 유추해 내야 한다. 이뿐만 아니라, 군자지도와 소인지도가 무엇인지도 좀 더 많은 자료 분석을 통해서 따져 보아야만 한다. 현재로서는 역자도 명확한 답을 내놓을 수 없다. 이 계사 하전 제4장에서는 '양(陽) = 군자지도, 음(陰) = 소인지도'라는 등식과 군자가 한 명인데 백성이 둘이면 군자지도이고, 군자가 두 명인데 백성이 한 명이면 소인지도라는 비유적인 표현이 단서로 있긴 한데 이것만으로는 설명하기가 쉽지 않다. 다음 제5장에서 비교적 자세하게 소인과 군자의 됨됨이에 대해서 언급된다. 따라서 주역에서 말하는 군자지도와 소인지도에 대해서는 별도의 글이 필요하다.
- 奇(기)와 偶(우)를 구분 : 奇數(기수:홀수) - 偶數(우수:짝수)
- 중국에서는 '偶(우)'를 썼는데 우리는 '耦(우)'를 쓰고 있다. 그 의미는 같다.

제5장

역에서 이르기를, '그립고 그리워서 오고 가면 벗이 너의 생각을 따른다.'라고 했다. 공자 이르기를, "천하가 무엇을 생각하고 무엇을 걱정하리오? 천하의 돌아갈 곳은 같으나 길이 다르니 하나의 이치에 백 가지 생각이라. 천하가 무엇을 생각하고 무엇을 걱정하리오? 해가 지면 달이 뜨고, 달이 지면 해가 뜨고, 해와 달이 서로 밀어서 밝음이 생긴다. (그렇듯,) 추위가 가면 더위가 오고, 더위가 가면 추위가 오나니 추위 더위가 서로 밀어서 한 해가 된다. (그렇듯,) 가는 것은 굽힘이요, 오는 것은 폄이라, 굽히고 폄이 서로 느끼어서 이로움이 생긴다. 작은 자벌레가 굽힘으로써 폄을 얻듯이 (크고 작은) 뱀이 칩거함으로써 몸을 보존한다. 정밀한 뜻이 신묘함에 듦으로써 쓰임에 이르듯이 이로운 쓰임은 몸을 편안하게 함으로써 덕을 숭상한다. 이로써 과거가 사라지고 미래가 또 드러난다. 신묘함을 다하여 변화(→이루어짐)를 주관하는 것이 덕의 왕성함이라."(고 했다.)

역에서 이르기를, '돌로 인한 시달림이고 (거친) 질려에 의지함이니 그 집에 들어가도 그 처를 볼 수 없어 흉하다' (라고 했다). 공자 이르기를, "피곤할 바가 아니어도 피곤하니 반드시 이름을 욕되게 하고, 의지할 바가 아닌데 의지함이니 반드시 몸이 위태롭다. 이미 욕되고 위험하니 죽을 때가 장차 이름이니 그 처를 볼 수 있겠는가."(라고 했다.)

역에서 이르기를, '공께서 높은 담 위에서 활을 써서 송골매를 얻음이라 이롭다.'(라고 했다). 공자 이르기를, "송골매는 새요, 활과 살은 도구요, (활을) 쏘는 자는 사람이라. 군자가 몸에 도구를 지니고, 때를 기다려 움직이니 어찌 이롭지 않음이 있으리오. 움직이어 묶이지 않음이니 이로써 나아가 얻음이라. 도구와 움직임이 이루는 것을 말함이다." (라고 했다.)

공자께서 이르기를, "소인은 어질지 못함을 부끄러워하지 않고, 올바르지 못함을 두려워하지 않으며, (그저) 이롭게 보여야 권한다(이롭게 보이지 않으면 권하지 않는다). 벌주지 않으면 위엄이 (서지) 않는데 작은 징계로써 크게 훈계하는 이것이 소인의 복이다. '발에 족쇄를 채워 발목이 (보이지 않아도) 허물이 없다.'라는 역의 말씀이 이를 말한다. 선을 쌓으면 이름을 얻고, 악을 쌓으면 몸을 망치게 된다. (선을 쌓지 않으면 이름을 얻는데 부족하고, 악을 쌓지 않으면 몸을 망치는데에 부족하다) 소인은 작은 선으로써 보탬이 되지 않는다고 하여 행하지 않으며, (또한) 작은 악을 행해도 상하지 않기에 (악을) 물리치지 않는다. 그래서 악이 쌓여서 숨길 수 없고, 죄가 커져서 풀 길이 없다. (그래서) '차꼬를 매어서 귀를 가림이니 흉하다.'라고 역에서 일렀다." (라고 했다.)

공자께서 이르기를, "불안해함은 그 자리를 편안하게 하고자 함이고, 없어질까 (걱정하는) 것은 그 있는 것을 보존하고자 함이고, 혼란을 (걱정하는) 것은 그 다스림을 있게 하고자 함이다. 이러한 고로, 군자는 편안해도 위태로움을 잊어서는 안 되고, 있어도 망해 없어질 것을 잊지 않으며, 다스려도 어지러울 때를 잊어서는 안 된다. 이로써 몸이 편안하고 국가가 능히 보존된다. (그래서) '그 망해 없어짐을 (걱정하여) 무성한 뽕나무에 (줄을) 매어둔다.'라고 역에서 일렀다." (라고 했다.)

공자께서 이르기를, "덕이 적은데 (그) 자리는 높고, 아는 게 적은데 (그) 도모하는 일은 크고, 능력은 적은데 (그) 임무가 막중하면 좋지 못하다. '솥의 다리가 꺾이어 공의 죽이 엎질

러져 그 젖은 모습이니 흉하다.'라고 역에서 일렀는데 그 임무를 완수할 수 없음을 말함이라."(라고 했다.)

공자께서 이르기를, "기미를 아는 그 신묘함이여, 군자는 윗사람과 사귈 때는 아첨하지 않고, 아랫사람과 사귈 때는 깔보지 않음이 그 기미를 아는 것인가. 기미란 것은 움직임이 미세하여 길함이 먼저 보이는 것이다. 군자는 기미를 보고 행동하여 종일 기다리지 않는다. 역에서 이르기를, '절의(節義)가 돌과 같아 하루를 기다리지 않고 (단호하게 행동하니) 올바르고 길하다.'라고 했다. 절의가 돌과 같은데 어찌 종일 허비하겠으며, 가히 결단함을 앎이라. 군자는 기미와 문채(文彩)를 알고, 강직함과 부드러움을 알기에 모든 사람의 부러움이다."(라고 했다.)

공자께서 이르기를, "안 씨의 아들이 그 여러 기미를 가까이 했던가. 몰라서 선하지 못함이 있었지, 알았다면 돌아와 행하지 않았다(몰랐기에 착하지 못함이 있었지, 알았다면 돌아와 행하지 않았을 것이다). 역에서 이르기를, '멀지 않아 돌아옴이니 후회함에 이르지 않아 크게 길하다.'(라고 했다.)"

천지의 기운이 성성하여, 만물을 도탑게 변화시키고, (암수 자웅)이 뜻을 얽어서 하나가 되니, 만물이 변화하여 생긴다. 역에서 이르기를, '세 사람이 갈 때는 한 사람을 덜어내고, 한 사람이 갈 때는 그 벗을 얻어야 한다.'(라고 했는데 그) '하나' 됨을 이루는 것을 말함이다.

공자께서 이르기를, "군자는 그 몸을 편안하게 한 뒤에 움직이고, 그 마음을 (또한) 편안하게 한 뒤에 말하며, 그 교류를 결정한 뒤에 구한다. 군자는 이 세 가지를 닦기에 온전하다. 위태롭게 움직이면 백성이 함께하지 않고, 두렵게 말하면 백성이 응하지 않으며, 교류(소통) 없이 구하면 백성이 함께하지 않고, 함께하지 않으면 (결국) 상함에 이름이라. (그래서) '보탬이 되는 게 없고, 또 공격하며, 마음을 단단히 먹어 굳히는 데에 한결같지 못함이니 흉하다.'라고 역에서 일렀다."

📢

인간사의 이치, 도리 등이 두루 다 역(易)에 있음을 증명해 보이려는 듯이, 열 개 괘의 효사(爻辭)를 인용하여 군자(君子) 소인(小人)을 포함한 인간사의 도리를 설명했다. 그 열 개의 괘(卦)란 ①택산함괘, ②택수곤괘, ③뇌수해괘, ④화뢰서합괘, ⑤천지비괘, ⑥화풍정괘, ⑦뇌지예괘, ⑧지뢰복괘, ⑨산택손괘, ⑩풍뢰익괘 등이다. 그리고 군자와 소인의 도에 대하여 일정 부분 언급되었는데, 앞장인 제4장에서의 군자지도와 소인지도에 관한 설명과는 다소 차이가 있다. 제4장에서는 '양괘 = 기수 = 군자지도, 음괘 = 우수 = 소인지도'라는 등식으로만 설명했는데, 이 제5장에서는 마음 씀씀이와 언행(言行) 등 삶의 양태로써 설명, 구분하였다. 곧, 군자는 적절한 도구를 사용할 줄 알고, 때를 기다릴 줄도 알며, 상황 변화에 따른 준비 및 대비하는 지혜로운 자이다. 그리고 사람과 사귀는데 아첨(阿諂)·질시(嫉視)·무시(無視)하지 않으며, 언제나 절의(節義)가 있다. 이뿐만 아니라, 평소에 안신(安身)·안심(安心)·교류(交流)하며, 덕과 능력을 향상해 나간다. 반면, 소인은 어질지 못함을 부끄럽게 생각지 않고, 바르지 못함을 두려워하지 않으며, 잇속만 추구하는 언행을 일삼는다. 다시 말해, 선업(善業)을 쌓지 않고, 악을 행하여 죄를 짓는 사람이다. 이것이 계사(繫辭)를 집필한 이의 군자와 소인에 관한 이분법적인 인식이다.

第五章

易曰 '憧憧往來 朋從爾思.' 子曰 "天下何思何慮? 天下同歸而殊途(塗), 一致而百慮. 天下何思何慮? 日往則月來, 月往則日來, 日月相推而明生焉. 寒往則暑來, 暑往則寒來, 寒暑相推而歲成焉. 往者屈也, 來者信也, 屈信相感而利生焉. 尺蠖之屈, 以求伸也;龍蛇之蟄, 以存身也. 精義入神, 以致用也;利用安身, 以崇德也. 過此以往, 未之或知也; 窮神知化, 德之盛也."

易曰 '困于石, 据于蒺藜, 入于其宮, 不見其妻, 凶.' 子曰 "非所困而困焉, 名必辱. 非所据(據)而据焉, 身必危. 既辱且危, 死期將至, 妻其可得見耶!"

易曰 '公用射隼于高墉之上, 獲之, 无不利.' 子曰 "隼者, 禽也;弓矢者, 器也;射之者, 人也. 君子藏器于身, 待時而動, 何不利之有? 動而不括, 是以出而有獲, 語成器而動者也."

子曰 "小人不恥不仁, 不畏不義, 不見利不勸. 不威不懲, 小懲而大誡, 此小人之福也. 易曰'履校滅趾, 无咎.' 此之謂也. 善不積不足以成名, 惡不積不足以滅身. 小人以小善爲无益而弗爲也, 以小惡爲无傷而弗去也, 故惡積而不可掩, 罪大而不可解. 易曰 '何校滅耳, 凶.'"

子曰 "危者, 安其位者也;亡者, 保其存者也;亂者, 有其治者也. 是故君子安而不忘危, 存而不忘亡, 治而不忘亂. 是以身安而國家可保也. 易曰 '其亡其亡, 繫于苞桑.'"

子曰 "德薄而位尊, 知小而謀大, 力少而任重, 鮮不及矣. 易曰 '鼎折足, 覆公餗, 其形渥, 凶.' 言不勝其任也."

子曰 "知几其神乎! 君子上交不諂, 下交不瀆, 其知几乎? 几者, 動之微, 吉之先見者也. 君子見几而作, 不俟終日. 易曰 '介于石, 不終日, 貞吉.' 介如石焉, 寧用終日 斷可識矣. 君子知微知彰知柔知剛, 萬夫之望."

子曰 "顔氏之子, 其殆庶幾乎? 有不善未嘗不知, 知之未嘗復行也. 易曰 '不遠復, 无祗悔, 元吉.'"

天地絪縕(絪縕), 萬物化醇, 男女構精, 萬物化生. 易曰 '三人行則損一人, 一人行則得其友.' 言致一也.

子曰 "君子安其身而后動, 易其心而后語, 定其交而后求. 君子修此三者, 故全也. 危以動則民不與也, 懼以語則民不應也, 无交而求則民不與也, 莫之與則傷之者至矣. 易曰 '莫益之, 或擊之, 立心勿恒, 凶.'"

- 易 : 택산함괘(澤山咸卦) 구사효사(九四爻辭) : 貞吉悔亡 憧憧往來 朋從爾思

- 이 구절에서 귀착점(돌아갈 곳)은 같으나 경로가 다름을 뜻하는 '동귀수도(同歸殊途)'라는 말이 나왔음. 그리고 중국에서는 '途(도)'로 표기되었으나 우리나라에서는 '塗(도)'로 표기되었음.

- 信(신) : 伸(신)의 오기(誤記)가 아닌가 싶음.

- 過(과) : '왕래하다', '교제하다' 등의 뜻이 있으나 여기서는 '지나감', '과거'라는 의미로 해석하였음.

- 或(혹) : 혹은, 혹시, 또, 어떤 이, 어떤 것, 있다, 존재하다, 의심하다 등의 뜻이 있으나 여기서는 '또'로 해석하였음.

- 易 : 택수곤괘(澤水困卦) 육삼효사(六三爻辭) : 六三, 困于石, 据于蒺藜 ; 入于其宮, 不見其妻, 凶.

- 困于石 据于蒺藜 : 困(곤)과 据(거), 石(석)과 蒺藜(질려)가 각각 대등한 위치에서 사용되었다. 해석할 때 이를 의식해야 한다. 石은 말 그대로 돌이고, 蒺藜[jí lí]는 (Tribulus terrestris L.) 白蒺藜, 屈人 등으로도 불리는데 蒺藜科 蒺藜属 일년초 植物로 사료, 약재로도 쓰인다. 줄기에는 부드럽고 혹은 딱딱한 털이 나 있으며, 열매에는 가시가 돋아있어 자칫 피부에 상처를 입히기도 한다. 주로, 사막 황무지 산기슭 등 척박한 땅에서 자생한다. 우리에게는 남가샛과에 속한 한해살이풀로 알려져 있다. 여기서는 딱딱한 돌에 앉는 것처럼 불편하고 자칫 고통을 안겨주기 때문에 사람이 가까이 의지할 바가 아니라는 의미에서 돌과 대등한 위치에서 사용되었다.

- 困(곤) : 곤하다, 졸리다, 지치다, 괴로움을 겪다, 시달리다, 위태롭다 등의 뜻이 있음.

- 据(거) : 중국에서는 '据(거)'를 썼고, 우리나라에서는 '據(거)'를 썼다. 그 뜻은 같다.

- 易 : 뇌수해괘(雷水解卦) 상육(上六) 효사(爻辭) : 公用射隼于高墉之上, 獲之, 无不利.

- 射(사) : '射弓(사궁)'의 뜻으로 쓰임.

- 括(괄) : 묶다, 동여매다 등의 뜻이 있음.
- 隼(준) : 송골매, 집비둘기, 맹금류의 총칭 등의 뜻이 있음.
- 墉(용) : 담, 담장, 보루, 벽 등의 뜻이 있음.
- 易 : 화뢰서합괘(火雷噬嗑卦) 초구(初九) 효사(爻辭) : 初九, 屨校滅趾, 无咎.
- 易 : 화뢰서합괘(火雷噬嗑卦) 상구(上九) 효사(爻辭) : 上九, 何校滅耳, 凶.
- 誡(계) : 경계하다, 고하다, 분부하다, 명령하다, 훈계하다, 경고, 경계, 교령 등의 뜻이 있음. 여기서는 '훈계하다'로 해석하였음.
- 趾(지) : 발, 터 등의 뜻이 있음.
- 校(교) : 학교, 장교, 부대, 군영, 울타리, 차꼬, 형구의 총칭, 헤아리다, 가르치다, 수를 세다, 본받다, 모방하다, 갚다, 보복하다, 바르다, 교정하다 등 다양한 뜻이 있으나 여기서는 '차꼬'로 해석하였음.
- 危(위) : 위태하다, 위태롭다, 마음을 놓을 수 없이 불안하다, 두려워하다, 높다, 아슬아슬하게 높다, 엄하다, 발돋움하다, 병이 무겁다, 바르다, 빠르다 등 다양한 뜻이 있으나 여기서는 '불안하다'로 해석하였음.
- 亡(망) : 망하다, 멸망시키다, 도망하다, 잃다, 없어지다, 죽다, 잊다, 업신여기다 등의 뜻이 있으나 여기서는 '없어지다'로 해석하였음.
- 危(위) – 安(안), 亡(망) – 保(보), 亂(난) – 治(치)로 각각 연계되었음을 인지하고 해석해야 한다.
- 易 : 천지비괘(天地否卦) 구오(九五) 효사(爻辭) : 九五, 休否, 大人吉 ; 其亡其亡, 繫于苞桑.
- 苞(포) : 싸다, 더부룩이 나다, 우거지다, 무성하다 등의 뜻이 있음. 여기서는 '무성하다'로 해석하였음.
- 易 : 화풍정괘(火風鼎卦) 구사(九四) 효사(爻辭) : 九四, 鼎折足, 覆公诉, 其形渥, 凶.

보는 바와 같이 중국 주역에는 '诉(소)'로 표기되었으나 잘못된 것 같음. 물론, 한국에서는 '餗(속)'으로 표기되었음.

- 鮮(선) : 원래는 고울 선이나 '좋다'라는 의미도 있다.
- 餗(속) : 죽, 솥 안에 든 음식, 흉조 등의 뜻이 있음.

- 渥(악) : 두텁다, 극진하다, 짙다, 살뜰하다, 은혜를 입다, 윤기가 나다, 젖다, 적시다, 붉다 등의 뜻이 있음. 여기서는 '젖다', '적시다'로 해석하였음.
- 勝(승) : 원래는 이길 승, 비릴 성 등의 뜻이 있으나 여기서는 '견디다'의 뜻으로 해석하였음.
- 諂(첨) : 아첨하다, 아양을 떨다, 비위를 맞추다, 알랑거리다, 사특하다 등의 뜻이 있음.
- 瀆(독) : 도랑, 더럽히다, 업신여기다, 깔보다, 버릇없이 굴다 등의 뜻이 있음.
- 俟(사) : 기다리다, 대기하다 등의 뜻이 있음.
- 作(작) : 짓다, 만들다, 창작하다 등의 뜻이 있음.
- 易 : 뇌지예괘(雷地豫卦) 육이(六二) 효사(爻辭) : 六二, 介于石, 不終日, 貞吉.
- 介(개) : 사이에 '끼다' 뜻으로 많이 쓰이나 여기서는 명사로서 '정조(貞操)', '절의(節義:절개와 의리)' 등의 뜻으로 해석하였음. 그러나 64卦 괘·효사 해석에서는 이와 다르게 번역하였음을 밝힌다. 『解周易』 p.303을 참고하기 바람.
- 彰(창) : 드러날 창인데 여기서는 명사로 아름다운 광채 곧 '문채(文彩)'로 해석하였음.
- 殆(태) : 거의, 대개, 장차, 위태하다, 해치다, 지치다, 두려워하다, 게으르다, 가깝다, 비슷하다, 가까이하다 등의 뜻이 있음. 여기서는 '가까이하다'의 뜻으로 해석하였음.
- 未嘗不(미상불) : '~ 아닌 게 아니라', '과연' 등의 뜻을 가진 관용구임.
- 易 : 지뢰복괘(地雷復卦) 초구(初九) 효사(爻辭) : 初九, 不远復, 无祇悔, 元吉.
- 祗(지) : 공경하다, 구하다, 공경 등의 뜻이 있음. 그래서 이 祗(지)와 관련 논란이 많다. 대개는, 이 祗(지)를 '抵(지)'로 해석하여 '당하다' 또는 '이르다', '다다르다'로 풀이한다. 그래서 '无祇悔'를 '후회함에 이름이 없다' 곧, '후회함이 없다'로 해석했다.
- 氤氲(인온) : 중국 표기, 絪縕(인온) : 한국 표기

- 氤(인) : 기운이 어리다, 기운이 성하다, 천지의 기운, 기운이 성한 모양 등의 뜻이 있음.

- 氳(온) : 기운이 성하다, 기운이 어리다, 가득하다, 기운이 성한 모양 등의 뜻이 있음.

- 천지(天地) − 인온(氤氳), 만물(萬物) − 화순(化醇), 남녀(男女) − 구정(構精), 만물(萬物) − 화생(化生) 등의 대구(對句)를 유념하면 해석이 한결 쉬워짐.

- 化醇(화순), 構精(구정), 化生(화생) 등의 단어는 요즘 거의 쓰이지 않아 생소하다. 굳이, 여기서 그 뜻을 풀이하자면, '화순'이란 만물을 질박하게 변화시킴이고, '구정'이란 암수 자웅이 뜻을 하나로 얽어서 결합 됨이며, '화생'이란 음양의 호응으로써 만물을 낳음을 일컫는다.

- 醇(순) : 전국술, 진한 술, 진하다, 순수하다, 도탑다, 순박하다, 질박하다 등의 뜻이 있음.

- 易 : 산택손괘(山澤損卦) 육삼(六三) 효사(爻辭) : 六三, 三人行, 則損一人 ; 一人行, 則得其友.

- 致(치) : 이르다, 도달하다, 이루다, 부르다, 보내다, 그만두다, 주다 내주다, 꿰매다, 촘촘하다, 곱다 등의 다양한 뜻이 있으나 여기서는 '이루다' 또는 '이르다'로 해석됨.

- 一(하나) : 음양의 호응, 남녀의 합덕(合德)으로 이루어진 전일체(專一體)를 말함. 그러니까, 음과 양이 서로 작용하여 만물을 낳는 생산적인 기능을 발휘하는 조건을 갖춘 상태를 말함.

- 昜(이) : 편안하다, 평온하다 등의 뜻이 있음.

- 交(교) : 사귀다, 교제하다, 오고가다, 주고받다, 인접하다, 엇갈리다, 맡기다, 되다, 도래하다, 섞이다, 교차하다, 성교하다, 교제, 우정, 벗 친구, 무역, 거래, 흥정, 서로 등 다양한 뜻이 있으나 여기서는 '소통', '교류'의 뜻으로 해석하였음.

- 易 : 풍뢰익괘(風雷益卦) 상구(上九) 효사(爻辭) : 上九, 莫益之, 或擊之 ; 立心勿恒, 凶.

- 勿(물) : 말다, 말라, 말아라, 아니다, 없다, 아니하다 등의 뜻이 있음. 여기

서는 '없다'로 해석하였음.

제6장

공자 이르기를, "건곤이 그 역의 문인가? 건은 양물이고, 곤은 음물이다. 음과 양이 합덕하고, '강'과 '유'라고 하는 성품이 있다. (그 성품으로써) 천지의 일을 체득하고, (그 성품으로써) 신명의 덕과 통한다. 그 부르는 이름은 복잡하나 초과하지 않는다. 그 무리(내용)를 헤아려보매, 그 쇠하는 세상의 뜻인가?

무릇, 역이란 지나간 것을 드러내고, 오는 것을 살피며, 깊고 고요함을 열어서 꼼꼼하게 드러내고, 늘어놓아서 이름을 마땅하게 하다. 만물을 분별하고, 말을 바르게 하여 말씀을 결정한즉 갖춤이다. 그 일컫는 이름은 작으나 그 취하는 무리(내용)는 크다. 그 뜻은 원대하고, 그 말씀은 빛나며, 그 말은 자세하고 적중하며, 그 일은 진열되었으나 은밀하다. 득실의 인과관계를 밝혀 의심으로 인한 백성의 행함을 구제하였다." (라고 했다.)

📢

易(역)과 乾坤(건곤)의 의미, 그리고 그 작용원리에 대하여 설명했다. 곧, '乾 = 陽 = 剛, 坤 = 陰 = 柔'라는 근원적 성품으로써 천지 변화의 일과 그 이치를 드러내기에 건곤(乾坤)이 음양(陰陽)이고, 음양이 곧 역의 문(門)이라고 전제하고, 역의 의의와 구성과 기능과 그 특징을 재차 강조하였다. 곧, 역은 그 이름이 작으나 그 내용은 크고, 역은 만물의 이치를 분별하고, 분별하는 그 말씀은 자세하고 적확하며, 지나간 것을 드러내고 다가오는 것을 살피도록 한다. 그뿐 아니라, 이해득실의 인과관계를 밝혀서 의심에서 헤어나지 못하는 백성을 구제해 준다고 강조하였다.

第六章

子曰 "乾坤, 其易之门耶? 乾陽物也, 坤陰物也. 陰陽合德, 而剛柔有體. 以體天地之撰, 以通神明之德. 其稱名也, 雜而不越. 于稽其類, 其衰世之意邪?

夫易, 彰往而察來, 而微顯闡幽, 開而當名, 辨物正言斷辭則備矣. 其稱名也小, 其取類也大. 其旨遠, 其辭文, 其言曲而中, 其事肆而隱. 因貳以濟民行, 以明失得之報."

- 體(체) : 몸, 신체, 몸소, 친히, 형상, 근본, 격식, 물질, 물체, 서체, 체재, 체험하다, 체득하다 등의 뜻이 있음. 여기서는 '근본', '본질', '타고난 성품'과 '체득하다'라는 뜻으로 해석하였음.

- 撰(찬, 선) : 짓다, 잡다, 손에 쥐다, 만들다, 갖추다 등의 의미가 있고, 가릴 '선'으로 읽어서 가리다, 선택하다, 세다, 헤아리다, 일, 법칙, 규칙, 규정 등의 뜻이 있음. 여기서는 '일', '법칙' 등의 뜻으로 해석하였음.

- 稱(칭) : 일컫다, 부르다, 칭찬하다, 저울질하다, 드러내다, 들다, 거행하다, 걸맞다, 부합하다, 헤아리다, 좋다, 저울, 명성, 명칭, 칭호 등의 뜻이 있음. 여기서는 '부르다'로 해석하였음.

- 名(명) : 이름, 평판, 소문, 외관, 외형, 명분, 공적, 글자, 문자, 이름나다, 훌륭하다, 이름하다, 지칭하다 등의 뜻이 있음. 여기서는 '이름'으로 해석하였음.

- 雜(잡) : 섞이다, 섞다, 어수선하다, 모이다, 꾸미다, 합하다, 침착하다, 겸허하다 등의 뜻이 있음. 여기서는 '어수선하다'로 해석하였음.

- 越(월) : 넘다, 건너가다, 넘기다, 초과하다, 지나다, 빼앗다, 멀다, 어기다, 흐트러지다, 떨어뜨리다, 드날리다, 달아나다, 다스리다 등 다양한 뜻이 있으나 여기서는 '초과하다'로 해석하였음.

- 稽(계) : 상고하다, 조사하다, 헤아리다 등의 뜻이 있음. 여기서는 '헤아리다'로 해석하였음.

- 衰世(쇠세) : 주역(周易)이 만들어진 직접적인 배경이 된 은(殷)나라 말기의 암울한 상황을 말함이 아닌가 싶다.

- 微(미) : 작다, 자질구레하다, 정교하다, 정묘하다, 자세하고 꼼꼼하다, 적다, 많지 않다 등의 뜻이 있음. 여기서는 '자세하고 꼼꼼하다'로 해석하였음.

- 顯(현) : 나타나다, 드러나다, 뚜렷하다, 명확하다, 분명하다, 명백하다, 높다, 귀하다, 지위가 높다, 밝다 등의 뜻이 있음. 여기서는 '드러내다'로 해석하였음.

- 闡(천) : 밝히다, 드러내다, 확충하다, 열다, 열어젖히다 등의 뜻이 있음. 여

기서는 '열다'로 해석하였음.

- 幽(유) : 그윽하다, 멀다, 아득하다, 깊다, 조용하다, 어둡다, 가두다, 갇히다, 피하여 숨다, 검다, 귀신, 어두운 곳, 구석, 마음, 저승 등의 뜻이 있음. 여기서는 '고요하다'로 해석하였음.
- 微顯闡幽(미현천유) : '깊고 고요함을 열어서 꼼꼼하게 드러내다'의 뜻으로 해석하였음.
- 開(개) : 열다, 열리다, 꽃이 피다, 펴다, 늘어놓다, 게척하다, 시작하다, 깨우치다, 헤어지다, 사라지다, 놓아주다, 끓다, 말하다, 출발하다 등 다양한 뜻이 있으나 여기서는 '늘어놓다'로 해석하였음.
- 曲(곡) : 굽다, 굽히다, 도리에 맞지 않다, 바르지 않다, 불합리하다, 그릇되게 하다, 자세하다, 구석, 가락, 악곡, 굽이 등 뜻이 있음. 여기서는 '자세하다'로 해석하였음.
- 中(중) : 가운데, 안, 사이, 진행, 마음, 심중, 몸, 중도, 절반, 장정, 중매, 가운데에 있다, 부합하다, 맞다, 맞히다, 급제하다, 해당하다, 응하다, 뚫다, 바르다, 곧다, 가득하다, 이루다, 고르다, 간격을 두다, 해치다 등의 다양한 뜻이 있음. 여기서는 '맞다', '적중하다'로 해석하였음.
- 斷(단) : '결단하다', '결정하다'로 해석하였음.
- 肆(사) : '늘어놓다'로 해석하였음.
- 貳(이) : '의심하다'로 해석하였음.
- 報(보) : 갚다, 알리다 등의 뜻이 있으나 여기서는 '應報(응보)'라는 낱말과 관련지어 득실이 생기게 되는 이치, 이유, 관계 등의 의미를 함축하는 말로 해석하였음.

제7장

역의 일어남이 그 중고시대였던가? 역을 창제한 이(에게) 그 근심 걱정이 있었던가? 이런 까닭에 이괘(履卦)는 덕의 기반이고, 겸괘(謙卦)는 덕의 근본이며, 복괘(復卦)는 덕의 본바탕이고, 항괘(恒卦)는 덕의 공고함이며, 손괘(損卦)는 덕의 수행이고, 익괘(益卦)는 덕의 여유이며, 곤괘(困卦)는 덕의 분별이고, 정괘(井卦)는 덕의 토양이며, 손괘(巽卦)는 덕의 절제이다.

이괘(履卦)는 화목하며 지극하고, 겸괘(謙卦)는 높고 빛나며, 복괘(復卦)는 작으나 만물을 분별함이며, 항괘(恒卦)는 섞여 있으나 싫어하지 않으며, 손괘(損卦)는 먼저 어려우나 나중에는 쉽고, 익괘(益卦)는 오래 넉넉하나 베풀지 않으며, 곤괘(困卦)는 다하여 통하며, 정괘(井卦)는 머물러있던 곳을 옮기며, 손괘(巽卦)는 드러내되 은밀하게 한다.

이괘(履卦)로써 조화롭게 나아가고, 겸괘(謙卦)로써 예법을 마련하고, 복괘(復卦)로써 스스로 깨달으며, 항괘(恒卦)로써 오직 덕을 (기르며), 손괘(損卦)로써 해로움을 멀리하고, 익괘(益卦)로써 이로움을 흥하게 하며, 곤괘(困卦)로써 원망을 줄이고, 정괘(井卦)로써 뜻을 분별하며, 손괘(巽卦)로써 권한을 행사한다.

이 장에서는 역(易)이 발흥한 시기와 배경을 환기한 뒤, 履(이), 謙(겸), 復(복), 恒(항), 損(손), 益(익), 困(곤), 井(정), 巽(손) 등 아홉 개 괘(卦)의 성품[德性]과 기능과 그 특징을 간단명료하게 설명했는데 모두 '덕(德)'과 관련해서이다. 그래서 이들을 '구덕괘(九德卦)'라고 부른다. 履(리), 謙(겸), 復(복)은 상경(上經)에 속하고, 恒(항), 損(손), 益(익), 困(곤), 井(정), 巽(손) 등은 下經(하경)에 속한 괘이다. 이들 아홉 개 괘의 괘·효사(卦·爻辭)와 상사(象辭) 등의 내용을 온전히 이해했다면 아무런 문제가 되지 않으나 그것을 모르는 상태에서는 이 내용을 읽게 되면 다소 무리가 따를 수 있다. 그래서 64괘 괘·효사와 상사 및 단사(彖辭)를 다 읽고 난 뒤에 이 계사(繫辭)를 다시 읽게 되면 고개를 끄덕이게 될 것이다. 계사 집필자가 이 아홉 개의 괘를 덕과 관련하여 특별히 강조한 것으로 미루어보면, 그가 얼마나 '덕(德)'을 중히 여겼는지 알 수 있다. 따라서 주역에서 말하는 덕의 의미에 관해서는 별도의 연구가 필요하다. 필자의 주역 관련 글 중에서 「덕(德)이란 무엇일까?」(212p.)를 참고하면 다소나마 도움이 되리라 본다. 여하튼, 구덕괘를 설명한 계사 집필자의 머릿속에서는 예법(禮法)을 강조하고, 겸손(謙遜)이란 덕목을 중히 여기며, 어려울 때와 여유로울 때를 분별하여 처신하고, 자연순환의 질서를 깨우쳐 지혜롭게 살기를 열망하는 기본적 욕구가 깔려있음을 엿볼 수 있다.

第七章

易之興也, 其于中古乎? 作易者, 其有憂患乎? 是故履, 德之基也, 謙, 德之柄也, 復, 德之本也, 恒, 德之固也, 損, 德之修也, 益, 德之裕也, 困, 德之辨也, 井, 德之地也, 巽, 德之制也.

履和而至. 謙尊而光, 復小而辨于物, 恒雜而不厭, 損先難而后易, 益長裕而不設, 困窮而通, 井居其所而遷, 巽稱而隱.

履以和行, 謙以制禮, 復以自知, 恒以一德, 損以遠害, 益以興利, 困以寡怨, 井以辨義, 巽以行權.

📢

- 중고시대(中古時代) : 『한서(漢書) 예문지(藝文志)』에 의하면 위(魏) 나라 맹강(孟康)이 말하기를 "복희(伏羲) 씨는 상고(上古)이고, 문왕(文王)은 중고(中古)이고, 공자(孔子)는 하고(下古)이다."라고 했다. 간단명료하여 소개했다.
- 柄(병) : 자루, 근본, 권세, 재료 등의 뜻이 있음.
- 裕(유) : 넉넉하다, 너그럽다, 관대하다, 느긋하다, 받아들이다, 용납하다, 늘어지다, 열다, 옷이 헐렁하다, 여유 등의 뜻이 있음.
- 制(제) : 절제하다, 억제하다, 금하다, 마름질하다, 짓다, 만들다, 맡다, 바로잡다, 법도, 규정 등의 뜻이 있음.
- 履和而至(이화이지) : '이괘는 화목하며 지극하다'라는 뜻인데 강건한 상괘(乾)에 부드러운 하괘(兌)가 밟힌 상태임에도 불구하고 기뻐하는 조화로움이 지극함을 말한 것으로 판단된다.
- 謙尊而光(겸존이광) : '겸괘는 높고 빛나다'라는 뜻인데 상대방을 높이면 내가 빛이 난다는 의미로 겸손의 본질을 드러낸 말이다.
- 復小而辨于物(복소이변우물) : '복괘는 작으나 만물을 분별한다'라는 뜻인데 여기서 작은 것은 모두가 음효인데 초구 하나만 돌아와 있는 상태라는 점을 뜻하며, 이 하나뿐인 양효가 만물을 분별한다는 뜻으로 쓰인 것 같다.
- 恒雜而不厭(항잡이불염) : '항괘는 섞여 있으나 싫어하지 않는다'라는 뜻인데 음효와 양효가 섞여 있다는 뜻이고, 짝이 서로 호응하는 관계, 즉 응효(應爻)라는 점을 말한 것이다.
- 稱(칭) : 일컫다, 칭찬하다, 저울질하다, 드러내다, 거행하다, 알맞다, 헤아리다, 좋다 등 다양한 의미가 있으나 여기서는 '드러내다'의 뜻으로 해석하였음.
- 和(화) : 서로 뜻이 맞아 사이가 좋은 상태가 됨, 화목하다, 온화하다, 순하다, 화해하다, 서로 응하다, 합치다, 화답하다 등의 뜻이 있음.

제8장

역의 글 됨이라! 가히 멀지 않고, 역의 도 됨은 여러 번 옮기고 (한 곳에) 머무르지 않아 변하고 움직임이니 여섯 빈틈(육효)에 두루 미치어 작용한다. (그) 오르내림이 항상 됨이 없고 강과 유가 서로 바뀌어 고정불변의 법칙이 되지 못하고 오직 변하는 바로서 마땅하다. 그 들고남으로써 안팎을 통과하며 (사람들로) 하여금 두려움을 알게 한다. 또한, 근심 걱정과 더불어 연고를 밝히는데 스승으로서의 보살핌은 없으나 부모가 곁에 있는 것과 같다. 처음에는 그 말씀을 따르고, 그 방향을 가늠한즉 변함없는 질서가 있다. 다만, 그 사람으로서가 아니고, 도로서 헛되이 행하지 않는다.

'易 = 書 = 道 = 陰陽 = 剛柔'라는 의미와 '易 = 卦 + 爻 + 辭(卦辭, 爻辭)'라는 역의 구성이 전제되어 있다. 음양이 섞여 있는 육효의 변동성(變動性)과 그로 인한 우환(憂患→吉凶)이 생김을 강조했고, 그 연유를 밝힌 것이 효사(爻辭)인데 '효사'라는 말을 직접 쓰지는 않았지만, 그 기능을 두고서 부모가 곁에 있는 것과 같다고 했다. 효사의 자상함을 염두에 둔 것 같다. 그리고 음양의 변화인 도에는 고정됨이 없이 늘 변화하지만, 그것을 설명한 말씀[辭] 곧 효사에는 고정불변의 법칙, 곧 질서가 있다는 뜻으로, 전요가 될 수 없다고 해놓고서 그 전요가 있다고 상반된 말을 했다. 이점 주의가 필요하다.

第八章

易之爲書也! 不可遠, (易之)爲道也屢遷, 變動不居, 周流六虛. 上下无常(尙), 剛柔相易, 不可爲典要, 唯變所适(適). 其出入以度外內, 使知懼. 又明于憂患與故, 无有師保, 如臨父母. 初率其辭而揆其方, 即(旣)有典常. 苟非其人, 道不虛行.

📢

- 六虛(육허) : '虛(허)'가 여기서는 '비어 있는 틈'으로 해석되며, 그 틈이 여섯이라는 것은 괘(卦)의 육효(六爻)를 말하는 것으로 판단된다. 이렇게 본다면, 爻(효)는 자리[位]이고, 동시에 변화하는 상황, 그러니까 시간(時間)이고, 공간(空間)일 수도 있다는 뜻이다. 실제로 우리가 64괘의 효사(爻辭)를 해석할 때 특정 '괘'라고 하는, 주어진 큰 상황[性情(성정)] 속에 갇혀 있는, 각기 다른 작은 정황을 효(爻)라고 인지하고서, 각 효를 사람의 신분, 나이, 위상, 능력, 혹은 사태의 변화 추이, 단계 등의 요소로써 해석한다.
- 流(류) : 흐르다, 번져 퍼지다 등의 뜻이 있음. 여기서는 문장의 주어인 역(易)이 육효에 두루 '번져 퍼지다'로 해석했음. 엄밀하게 말하면, 음과 양의 기운이 변하고 움직이는 주체이다. 여기서 '번져 퍼지다'라는 것은 '작용한다', '기능한다'라는 의미가 내포되어 있다.
- 典要[diǎn yào] : 경(經)이 지니는 고정불변의 법칙, 이치, 진리 등을 말함. 여기서는 '고정불변의 법칙'으로 해석하였음.
- 适(괄, 적) : '괄'로 읽으면 빠르다, 신속하다 등의 뜻이 있고, '적'으로 읽으면 맞다, 마땅하다, 가다 등의 뜻이 있다. 여기서는 '마땅하다'로 해석하였음. 한국 주역에서는 '適(적)'으로 표기되었음.
- 度(탁) : 여기서 '度(탁)'은 명사(名詞)로 쓰인 게 아니라 동사(動詞)로 쓰였음을 먼저 지각해야 한다. 동사로는 헤아리다, 가다, 떠나다, 통과하다, 넘다, 넘어서다 등 다양한 뜻이 있음. 여기서는 '통과하다'로 해석하였음.
- 內外(내외) : '內(내) = 下卦(하괘), 外(외) = 上卦(상괘)'라는 등식을 인지할 필요가 있음.
- 使(사) : 하여금, 부리다, 따르다, 운용하다 등의 뜻이 있으나 여기서는 '~으로 하여금'으로 해석하였음.
- 率(솔) : 거느리다, 좇다, 따르다, 소탈하다 등의 뜻이 있으나 여기서는 '따르다'로 해석하였음.
- 揆(규) : 헤아리다, 가늠하다 등의 뜻이 있음.
- 苟(구) : 진실로, 다만, 겨우, 구차하게, 바라건대, 잠시 등의 뜻이 있으나 여기서는 '다만'으로 해석하였음.
- 전상(典常) : 앞의 '전요(典要)'라는 용어와 같은 의미로 보면 틀리지 않는다.

제9장

역의 글 됨은, 시작을 근원으로 끝을 구함에 있음이니 이것이 본질이다. 육효가 서로 섞이어 오직 그때의 만물의 (마땅함)이다. 그 처음은 알기 어려우나 그 끝은 알기 쉬운데 (이것이) '본말'이다. 처음의 말씀을 헤아려서 모두 이루어 끝냄이라. 그러함으로 만물이 섞이고, 덕을 가리고, 옳음과 더불어 그름을 분별한즉 그 중효가 아니면 갖추지 아니한다(중효만이 갖춘다). 아, 역시 존망과 길흉을 통괄하는 즉 머물러 가히 알 수 있구나. 지혜로운 자는 그 단사를 보는 즉 생각이 반을 지나간다(지혜로운 자는 괘사만 읽어도 그 괘의 존망 길흉의 절반 이상을 알게 된다).

이효와 사효는 공로가 같으나 자리가 다르고, 이효는 좋은 평판이 많고, 사효는 두려움이 많고 (서로) 가까우나 그 장점은 같지 않다. 유가 도가 됨은 무구를 원하기 때문에 불리함을 멀리하는 자로 그 유중을 쓴다. 삼효와 오효는 공로가 같으나 자리가 다르다. 삼효는 흉이 많고, 오효는 공로가 많아서, 귀하고 천함의 차별이 (생긴다). 그 유는 위태롭고, 그 강이 이기는가.

육효(六爻)의 기능 곧 작용을 설명했는데, 초효와 상효의 의미를 먼저 설명했고, 중효(中爻) 가운데 이효와 사효를, 그리고 오효와 삼효를 묶어서 차례로 설명했다. 그 핵심은 시작이 있으면 끝이 있다는 것과 중효가 가까운 것끼리 합심하여 일하되 그 공로는 같으나 자리가 다르고 장점이 다르기에 귀천(貴賤)이 생긴다고 한다. 그런데 한 가지 문제가 있다. 그것은 우리 한국 사람이 인식한 육효 간의 '짝' 문제이다. 우리는 초효와 사효, 이효와 오효, 삼효와 상효를 짝으로 여기고서 호응 관계를 따졌는데 이 장에서 보는 바와 같이 초효와 상효는 시작과 끝으로서의 의미가 있고, 그 사이에 있는 중효들은 득중한 이효와 사효가, 그리고 득중한 오효와 삼효가 각각 짝이 되는데, 이들 간의 관계 곧 ①음양 관계와 ②자리와 ③장점 등이 달라 길흉과 귀천을 구분 짓는다는 것이다. '初爻 = 始 = 本 = 下, 上爻 = 終 = 末 = 上'이라는 등식을 유념할 필요가 있고, 바로 여기에서 '始終(시종)', '本末(본말)', '上下(상하)'라는, 같은 의미의 용어가 나왔음도 인지할 필요가 있다.

第九章

易之爲書也, 原始要終, 以爲質也. 六爻相雜, 唯其時物也. 其初難知, 其上易知, 本末也. 初辭擬之, 卒成之終. 若夫雜物 撰德, 辯是與非, 則(峛)非其中爻不備. 噫! 亦要存亡吉凶, 則居可知矣. 知者觀其象辭, 則思過半矣.

二與四同功而異位, 其善不同, 二多譽, 四多懼, 近也. 柔之爲道, 不利遠者, 其要无咎, 其用柔中也. 三與五同功而異位, 三多凶, 五多功, 貴賤之等也. 其柔危, 其剛勝耶?

- 要(요) : 요긴하다, 중요하다, 요약하다, 모으다, 원하다, 구하다, 맞히다, 얻다, 취득하다, 이루다, 기다리다, 규찰하다, 조사하다, 언약하다, 통괄하다, 막다, 금하다, 굽히다, 잡다 등 다양한 뜻이 있으나 여기서는 '구하다', '원하다'와 '통괄하다'로 해석하였음.

- 擬(의) : 비기다, 비교하다, 헤아리다, 견주다, 본뜨다 등의 뜻이 있음. 여기서는 '헤아리다'의 뜻으로 해석하였음.

- 卒(졸) : 마치다, 죽다, 끝내다, 모두, 마침내, 드디어 등의 뜻이 있으나 여기서는 '모두'로 해석하였음.

- 若夫[ruò fú] : 중국어에서 사용되는 '어기사(語氣詞)'로 앞의 내용을 전제로 의미 단락(말 바꿈)을 짓거나 새로운 내용을 말할 때 문장 앞에서 사용됨.

- 撰(찬, 선) : 짓다, 잡다, 엮다, 만들다, 갖추다, 가리다, 선택하다, 세다, 헤아리다 등의 뜻이 있으나 여기서는 '가리다'로 해석하였음.

- 中爻(중효) : 6효(爻) 중괘(重卦)에서 초효(初爻)와 상효(上爻)를 제외한, 그들 사이에 있는 4개의 효를 말하는데 보다시피, 이효와 사효, 삼효와 오효의 관계를 중히 여긴다. 물론, 천지인(天地人) 삼재(三才) 가운데 인(人)을 상징하는 이효(二爻:君子)와 오효(五爻:聖人)가 중도(中道)를 얻는 효이기 때문에 이들이 양효이냐 음효이냐가 중요하고, 또한 이들과 가까운 관계를 맺는 사효와 삼효가 양효이냐 음효이냐에 따라서 길흉과 귀천이 결정된다고 한다. 그렇다면, 주역에서 말하는 중도가 무엇인지 반드시 설명되어야 하는데 이 문제에 관해서는 역자의 다른 글 「주역(周易)에서 중도(中道)란 무엇인가?」(225p.)를 참고하기 바람.

- 噫(희) : 한숨을 쉬다, 탄식하다, 느끼다, 아아(감탄사) 등의 의미가 있음.

- 彖辭(단사) : 현재 우리가 읽는 주역에서 십익 가운데 하나인 '단사(彖辭)'가 아니라 십익(十翼)이 붙기 전 주(周) 문왕(文王)이 붙였다는 '괘사(卦辭)'를 지칭함.

- 善(선) : 착하다, 좋다, 잘 안다, 옳게 여기다, 아끼다, 찬동하다, 잘하다, 다스리다, 기리다, 좋은 점, 장점, 선인, 선정, 선행, 잘, 알맞게 등 다양한 뜻

이 있으나 여기서는 '장점'으로 해석하였음.

- **譽(예)** : 기리다, 즐기다, 찬양하다, 명예, 영예, 좋은 평판, 칭찬 등의 뜻이 있음. 여기서는 '좋은 평판'으로 해석하였음.
- **柔中(유중)** : 소위, 중도(中道)를 얻었다는 효(爻)가 음효(陰爻)이면 '유중(柔中)'이라 부르고, 양효(陽爻)이면 '강중(剛中)'이라고 부르는데, 이 중도를 얻는 이효는 사효와 함께 일하고, 또 중도를 얻는 오효는 삼효와 함께 일하는데 강중이 유를 만나거나, 유중이 강을 만나면 합심하여 일을 크게 벌일 수 있다. 그런데 그렇지 않고 강중이 강을 만나거나 유중이 유를 만나면 상황이 달라진다.

제10장

역의 글 됨은 광대하게 다 준비되었음이라. 천도가 있고, 인도가 있고, 지도가 있다. 아울러, 삼재가 있고, (이들이) 둘로 나아가 합쳐지는 고로 육효라. 육효란 다른 게 아니라, 삼재의 도이다. 도에는 변동이 있는 고로 효라 일컫고, 효에는 차별이 있는 고로 만물이라 일컬으며, 만물은 서로 섞이는 고로 문채라 일컫고, 문채가 마땅하지 않음으로 (인해) 길함과 흉함이 생긴다.

📢

육효의 생성원리와 그 의미에 대하여 설명했음. 역(易)은 천도(天道) 인도(人道) 지도(地道) 등이 두루 들어있고, 이들 삼재(三才)가 둘로 합쳐져서 육효가 되었다는 것이고, '변동(變動)'이 있기에 '효(爻)'라고 부르며, 등급(차별)이 생기고, 등급이 있기에 '만물(萬物)'이라 일컫고, 만물은 서로 섞이는 것이기에 문채라 일컫는데 이 문채의 마땅함 유무(有無)에 따라 길흉이 생긴다는 것이다. 여기서 한 가지 분명하게 인지하고 넘어갈 문제가 있다면, 그것은 '육효'와 '變動(변동)'과의 관계이다. 효는 변하고 움직인다는 것이 곧 생명이고, 본질이며, 도(道)이다. 바로 여기에서 인간사의 모든 길흉이 생기기 때문이다. 이 계사전(繫辭傳) 안에서는 '變動(변동)'이라는 단어가 하전 제8장, 제10장, 제12장에서 각각 한 번씩 쓰였다. 그리고 '變化(변화)'라는 단어가 상전 제1, 제2, 제8, 제9, 제11장과 하전 제12장에서 모두 아홉 번 사용되었다. 그리고 '會通(회통)'이라는 단어도 상전 제8, 제12장에서 각각 한 번씩 두 번 사용되었고, '變通(변통)'이라는 단어도 상전 제6, 제11장과 하전 제1장에서 각각 한 차례씩 세 번 사용되었다. 이는 효(爻)의 변함과 움직임과 오르내림(회통)을 강조했다는 뜻이다.

第十章

易之爲書也, 广大悉備. 有天道焉, 有人道焉, 有地道焉. 兼三才而兩之, 故六. 六者非他也, 三材之道也. 道有變動, 故曰爻, 爻有等, 故曰物, 物相雜, 故曰文, 文不當, 故吉凶生焉.

📢
- 悉(실) : 다, 모두, 다하다, 궁구하다, 깨닫다, 다 알다, 갖추다, 뜻을 펴다 등의 있음. 여기서는 '다', '모두'로 해석하였음.
- 兼(겸) : 아우르다, 둘러싸다, 포용하다, 얻다, 쌓다 포개다, 나란히 하다, 배향하다, 다하다, 같다, 합치다, 아울러, 함께, 마찬가지 등의 뜻이 있으나 여기서는 '아울러'로 해석하였음.

제11장

역의 발흥은 그 은나라 말세에 해당하고, 주나라 덕업이 성할 때이던가. 문왕과 주의 일이던가. 이러한 까닭으로 그 말씀이 엄정하다. '엄정하다'라는 것은 (만인에게) 평등하게 운용하고, '쉽다'라는 것은 (만인의) 마음이 기울어지게 함이라. 그 도가 심대하고 만물이 쇠퇴하지 않게 함이라. 두려움으로써 시종 (임하고), 그 무구를 구함이라, 이것을 일컬어 역의 도라 (하느니라).

📢

은말주초(殷末周初)에 역(易)이 주(周) 나라 문왕이 된 희창(姬昌)과 은(殷)
나라 마지막 왕인 주(紂) 사이의 악연(惡緣)에서 희창의 인내와 애민정신과
노력으로 역이 발흥 되었음을 상기시키고, 그 역에 붙인 말씀(卦爻辭)의 의
미(意味)를 평가했으며, 동시에 역의 도(道)가 만물을 성하게 하고, 사람들에
겐 무구한 삶을 살도록 한다는 점을 설명했다.

第十一章

易之興也, 其當殷之末世, 周之盛德耶? 當文王與紂之事耶? 是故其辭危. 危者使平, 易者使傾. 其道甚大, 百物不廢. 懼以終始, 其要无咎, 此之謂易之道也.

📢

- 危(위) : 위태롭다, 불안하다, 두려워하다, 엄하다, 엄정하다, 병이 무겁다 등의 뜻이 있으나 여기서는 '엄정하다'로 해석하였음.
- 使(사) : 동사로서 '쓰다', '운용하다'의 뜻으로 해석하였음.
- 傾(경) : 기울다, 기울어지다, 마음을 기울이다, 비스듬하다, 다투다, 잠깐 등의 뜻이 있음. 여기서는 '마음이 기울어지다'로 해석하였음.
- 无咎[무구: wú jiù] : 이 '무구'라는 단어는 주역의 괘사와 효사와 상사에서 121회나 사용된 대단히 중요한 단어이다. 주역에서 떼어낼 수 없는 단어인데 우리가 주역을 공부하는 첫째가는 이유가 바로 이 무구한 삶을 살기 위함이기 때문이다. 그렇다면, 무구함이란 무엇인가? 작게는 미움이나 증오나 허물, 잘못, 죄 등으로 인한 근심 걱정이 없는 것을 말하고, 크게는 재앙이 없는 것을 말한다. 이 '무구'는 주로 '관계(關係)'에서 비롯되는데 그 관계란 사람과 사람 사이의 관계가 그 첫째이고, 사람과 자연과의 관계가 그 둘째이며, 사람과 문명과의 관계가 그 셋째이다. 이들 삼자 관계에서 어그러지는 것은 다 나의 욕구 때문임을 알아야 한다. 따라서 욕구가 충돌하는 것이 대립이며, 싸움이며, 폭력 살인 등이 됨을 알아야 하고, 욕구 충족 활동이 바로 모든 생명체의 삶이라는 사실을 또한 알아야 한다. 나는 생명과 삶의 관계를 이렇게 해석하기 때문에 주역이 내게는 한없이 작아 보이고 가볍게 느껴진다.
- 易之道(역지도) : 줄여서 '역도(易道)'라고 할 수 있다. 천도(天道), 지도(地道), 인도(人道), 중도(中道)라는 말들은 적잖이 쓰이나 이 '역도'라는 말은 처음으로 사용된 것 같다.

제12장

대저, 건이란 천하의 지극한 굳셈이고, 항상 쉽게 위험을 알리는 덕을 행한다. 무릇, 곤이란 천하의 지극한 순종이고, 언제나 간단하게 고난을 알리는 덕을 행한다. 저 마음을 능히 설명하고, 저 징후에 대한 걱정을 능히 궁구하여 천하의 길흉을 정하고, 천하의 부지런함을 이룬다. 이러함으로, 변화를 운행하여 상서로움이 있는 길사가 되게 하고, 괘를 알리는 상사가 되게 하며, 다가옴을 알리는 점사가 되게 한다.

천지가 자리를 베풀면 성인이 능히 다스린다. 사람이 꾀하고, 귀신이 도모하며, 백성이 능히 함께한다. 팔괘로써 상을 알리고, 효단으로써 뜻을 말한다. 강과 유가 섞여 있어, 그 길흉을 가히 드러내 보인다. 변하여 움직임으로 이로움을 말하고, 길흉으로써 뜻을 바꾼다. 이러한 까닭으로, 좋아하고 싫어함이 서로 공격하여 길흉이 생기고, 원근이 서로 취하여 뉘우침과 인색함(부끄러움)이 생기고, 진실과 거짓이 서로 흔들어 이로움과 해로움이 생긴다.

대저, 역의 진실이란 가까이 있으나 서로 얻지 못하면 곧 흉하고, 또 (서로) 해로우면 뉘우치고 인색하게(원망하게) 된다. 장차 빛나는 것은 그 말씀(괘·효사)으로 참회하는 데에 있고, 장차 중심으로 집결하는 것은 그 말씀의 버팀목에 있다. 길인의 말씀은 적고, 성급한 사람의 말은 많으며, 진실을 왜곡하는(호도하는) 사람의 말은 허황되고, 지킬 것을 저버린 사람의 말은 비굴하다.

건(乾)과 곤(坤)의 덕성(德性)과 그 작용(作用)을 전제하고, 팔괘, 괘·효사, 강유(剛柔), 육효(六爻) 등의 의미와 그 작용을 설명했으며, 마지막으로 역(易)의 진실 곧, 길흉(吉凶), 회린(悔吝), 참회(懺悔) 등이 수반되는데 다 '괘·효사(卦·爻辭)'라고 하는 말씀에 의지해야 한다는 것이다.

第十二章

夫乾天下之至健也, 德行恒易以知險. 夫坤天下之至順也, 德行恒簡以知阻. 能說諸心, 能研諸侯之慮, 定天下之吉凶, 成天下之亹亹者. 是故變化云爲, 吉事有祥, 象事知器, 占事知來.

天地設位, 聖人成能. 人謀鬼謀, 百姓與能. 八卦以象告, 爻象以情言, 剛柔雜居, 而吉凶可見矣. 變動以利言, 吉凶以情遷. 是故愛惡相攻而吉凶生, 遠近相取而悔吝生, 情僞相感而利害生.

凡易之情, 近而不相得則凶, 或害之, 悔且吝. 將叛者其辭慚, 中心疑者其辭枝. 吉人之辭寡, 躁人之辭多, 誣善之人其辭游, 失其守者其辭屈.

📢

- 健(건) : 굳세다, 건강하다, 튼튼하다, 꿋꿋하다, 군사 등의 뜻이 있음. 여기서는 굳셈으로 해석하였음.
- 知(지) : 알다, 알리다, 알게 하다, 나타내다, 맡다, 주관하다, 대접하다, 사귀다, 병이 낫다 등의 뜻이 있음. 여기서는 '알리다'로 해석하였음.
- 險(험) : 험하다, 높다, 험준하다, 음흉하다, 간악하다, 멀다, 위태롭다, 간난하다, 넓다, 고민, 고통, 위험 등의 뜻이 있음.
- 阻(조) : 막히다, 험하다, 떨어지다, 허덕거리다, 저상하다, 의심하다, 의거하다, 믿다, 고난 등의 뜻이 있음. 여기서는 '고난'으로 해석하였다.
- 乾(건) − 坤(곤), 易(이) − 簡(간), 健(건) − 順(순), 險(험) − 阻(조) 등 : 이들 대구(對句)를 유념하면 해석이 쉬워짐. '天(천) − 乾(건) − 健(건) − 剛(강) − 大(대) − 易(이) − 險(험), 地(지) − 坤(곤) − 順(순) − 柔(유) − 廣(광) − 簡(간) − 阻(조)'라는 등식은 언제나 통용되는 법칙이다. 따라서 주역을 공부하려면 이를 이해하여 기억해둬야 한다. [건곤지도 용어 일람표](301p.)를 참고하기 바람.
- 成(성) : 이루다, 갖추어지다, 살지다, 우거지다, 익다, 일어나다, 다스리다, 나아가다, 고르게 하다, 완성하다, 기대하다, 성인이 되다 등의 다양한 의미로 사용되나 여기서는 '완성하다', '이루다', '다스리다' 등의 뜻으로 해석하였음.
- 亹亹[wěi wěi] : 게으르지 않고 근면한 모습, 앞으로 나아가는 모습, 물이 흐르는 모양, 꺾이지 않는 모양 등을 나타내는 일종의 의태어임. 여기서는

'부지런하게 나아감'으로 해석하였음.

- 云(운) : 일컫다, 성하다, 같다, 다다르다, 존재하다, 돌아가다, 운행하다 등의 뜻이 있음. 여기서는 '운행하다'로 해석하였음.
- 吉事(길사) : 즐겁고 이로워서 기념하고 축하할 만한 일.
- 象事(상사) : 하늘이 하고자 하는 뜻 또는 하늘이 하고자 하는 일.
- 占事(점사) : 점을 치는 일.
- 器(기) : 괘상(卦象)을 일컬음. 이 '器(기)'는 계사 상 제8장, 제10장, 제11장, 제12장, 계사 하 제5장, 제12장 등에서 열 번 이상 사용되었다. 가장 근원적으로는 생활 도구, 그릇을 의미하고, 사람이 만드는 문물제도를 뜻하기도 하며, 나아가 보이지 않는 하늘의 뜻을 형상화한 괘효(卦爻)를 의미하기도 한다.
- 謨(모) : 꾀, 지략, 계책, 본보기, 꾀하다, 도모하다, 모색하다, 묻다, 살피다, 의논하다, 속이다, 모호하다, 모이다, 접촉하다 등의 뜻이 있음. 여기서는 '꾀하다', '도모하다'로 해석하였음.
- 與(여) : 더불다, 같이 하다, 참여하다, 주다, 베풀어주다, 허락하다, 간여하다, 돕다, 기리다, 찬양하다, 기뻐하다, 기록하다, 쫓다, 의심하다 등의 뜻이 있음. 여기서는 '같이하다'로 해석하였음.
- 爻象(효단) : 효사(爻辭)와 단사(彖辭) 곧 괘사(卦辭)를 말함. 둘을 합쳐서 괘·효사(卦·爻辭)를 일컬음.
- 悔吝(회린) : 주역에서 '悔(회)'와 '吝(린)'은 각기 떨어져서 사용된다. 주역의 괘사, 효사, 상사에서 悔(회)가 43회 사용되었고, 吝(린)이 25회 사용되었다. 한국 사람들은 '회린(悔吝)'에서 '悔(회)'는 '뉘우침', '후회함'으로, '吝(린)'은 '인색함'으로 번역한다. 필자는 吝(린)을 '한탄함(원망함)', '부끄러움' 등으로 해석하였다. 여기서도 마찬가지이다. 세세한 내용에 대해서는 필자의 다른 글 「주역에서 말하는 '인(吝)'이란 어떤 의미인가?」(205p.)를 참고하기 바람.
- 感(감) : 느끼다, 감응하다, 감동하다, 깨닫다, 생각하다, 흔들다, 닿다 등의 뜻이 있으나 여기서는 '흔들다'로 해석하였음.
- 叛(반) : 배반하다, 어긋나다, 달아나다, 상도를 어지럽히다, 빛나다 등의

뜻이 있으나 여기서는 '빛나다'로 해석하였음.
- 疑(응) : 의심할 '疑(의)'가 아니고, 안정할 '疑(응)'으로 사용되었다. 여기서는 '한정하다', '한데 뭉치다', '집결하다'로 해석하였음.
- 游(유) : 헤엄치다, 유동하다, 떠내려가다, 어슬렁거리다, 사귀다, 허황되다 등 다양한 의미로 쓰이나 여기서는 '허황되다'로 해석하였음.
- 枝(지) : 초목의 가지, 팔다리(사지), 버팀목, 분가, 가지를 치다, 흩어지다, 분기하다, 나누어지다, 짚다, 세우다, 버티다, 지지하다 등의 뜻이 있음. 여기서는 '버팀목'으로 해석하였음.
- 吉人(길인) : 성품이 바르고 좋은 사람 – 寡(과)
- 躁人(조인) : 성미가 조급한 사람 – 多(다)
- 誣善之人(무선지인) : 착함이나 어짐을 비방하고 왜곡하는 사람 – 游(유)
- 誣(무) : 속이다, 꾸미다, 더럽히다, 과장하다, 남용하다, 비방하다, 왜곡하다 등의 뜻이 있음.
- 失其守者之人(실기수자지인) : 마땅히 지켜야 할 것을 잃은, 저버린 사람 – 屈(굴)
- 屈(굴) : 굽히다, 구부러지다, 움츠리다, 꺾다, 억누르다, 섞다, 거두다 등의 뜻이 있음. 여기서는 '비굴하다'로 해석하였음. 겁이 많고 줏대가 없어 떳떳하지 못하다는 뜻이다.

계사전 총정리

계사전 내용 총정리

    오늘날, 우리가 말하는 '주역(周易)'이란 중국에서 가장 오래된 고문헌이자 경문(經文) 가운데 으뜸으로 치는, 소위, '역경(易經)'을 일컫는다. 역경은 상경(上經)과 하경(下經)으로 나뉘어 있고, 상경은 제1괘인 중천건괘(重天乾卦)로부터 제30괘인 중화리괘(重火離卦)까지를 말하며, 하경은 제31괘인 택산함괘(澤山咸卦)로부터 제64괘인 화수미제괘(火水未濟卦)까지를 말한다. 혹자는, 상경은 성인지도(聖人之道)를 중심으로 다루었고, 하경은 군자지도(君子之道)를 중심으로 다루었다고 말하기도 하는데 나는 아직 쉽게 이에 동의하지 못하고 있다. 단순히 양적인 나눔으로밖에 다른 의미가 없다는 생각이 드는데, 있다면 모든 현상을 존재하게 하는 천도(天道)와 지도(地道)를 설명하는 중천건괘와 중지곤괘(重地坤卦)가 상경의 머리에 있고, 사람이 마땅히 지켜야 하는, 음양의 이치를 설명하는 택산함괘(澤山咸卦)와 뇌풍항괘(雷風恒卦)가 하경의 머리에 있다는 점이다.

그리고 각 괘(卦)는 괘명(卦名), 괘상(卦象), 괘사(卦辭), 효사(爻辭), 상사(象辭) 등으로 짜이어 있고(현재의 중국), 괘사(卦辭)와 괘상을 보고 설명한 단사(彖辭)를 추가 포함하기도 한다(우리나라).

그런데 괘는 중화민족의 시조인 복희(伏羲) 씨가 만들었고, 괘사는 주(周) 문왕(文王:기원전 1153 ~ 기원전 1056 : 陝西省 岐山縣 사람)인 '희창(姬昌)'이라는 사람이 붙였다고 하며, 효사는 주 문왕의 넷째 아들인 주공(周公) '희단(姬旦)'이 붙였으며, 상사와 단사는 공자(孔子:기원전 551 ~ 기원전 479)가 지었다고 전해져 왔으나 오늘날은 공자의 저작(著作)이 아니라고 부정되는 상황이다. 여기서 말하는 단사는 십익(十翼) 가운데 하나인 단전(彖傳) 상하(上下)를 말함이고, 상사 역시 십익 가운데 하나인 상전(象傳) 상하(上下)를 말한다.

'십익(十翼)'이라고 함은 소위, '역전(易傳)'이라고 하여 역경을 해설한 일종의 이론서로 ①단상전(彖上傳:주역 상경의 매 괘에 붙어 있는 彖辭) ②단하전(彖下傳:주역 하경의 매 괘에 붙어 있는 彖辭) ③상상전(象上傳:주역 상경의 매 괘에 붙여진 象辭) ④상하전(象下傳:주역 하경의 매 괘에 붙어 있는 象辭) ⑤계사상전(系辭上傳) ⑥계사하전(系辭下傳) ⑦문언전(文

言傳:중천건괘와 중지곤괘에 대한 해설) ⑧서괘전(序卦傳:64 괘의 순서를 설명함) ⑨설괘전(說卦傳:팔괘에 대한 설명) ⑩ 잡괘전(雜卦傳:64괘에 대한 설명이되 순서에 의거하지 않고 상호관련된 괘 중심의 설명) 등을 일컫는다. 이 십익을 모두 공자가 찬술(撰述)한 것으로 『隋書.經籍一』에서 전하고 있으나 청대(淸代)의 『易傳通論』, 『新學僞經考』 등을 비롯하여 기타 역전(易傳)에서 공자의 저작(著作)이 아닌 것으로 논증되기 시작하여 오늘날은 거의 정설로 받아들여지는 상황이다.

이 십익 가운데 둘인 계사상전(繫辭上傳)과 계사하전(繫辭下傳)을 특별히 우리말로 번역했다. 굳이, 번역한 이유는 주역의 몸통 격인 괘명(卦名), 괘상(卦象), 괘사(卦辭), 효사(爻辭), 상사(象辭), 단사(彖辭) 등을 읽고 이해하는 데 도움이 되는, 가장 중요한 역(易)의 원리와 기능 등이 종합된 이론서가 바로 이 계사(繫辭)이고, 우리말 번역문이 없지 않으나 원문과 번역문을 대조하여 읽다 보면 도무지 이해되지 않고 동의할 수 없는 부분들이 많다는 사실 때문이다. 그래서 먼저, 원문을 바르게 번역하고, 그런 다음 그 내용을 분석하여 더 쉽게 핵심을 간추리는 별도의 글을 쓰는 일이 필요하다고 생각했다.

계사(繫辭)는 상전 하전 각각 12장씩으로 구성되어 있고, 합쳐서 모두 24개 장이다. 각 장의 핵심 내용을 갖추려 놓으면 이해하는 데에 도움이 되겠는데 그런 사소한 일조차 쉽지 않다. 그 이유인즉 각 장(章)의 내용이 많은 것은 아니나 다양한 얘기를 하고 있고, 또, 전체적으로 보면 한 얘기를 다시 또 하는 중언부언(重言復言)하는 경향도 없지 않으며, 게다가, 구체적이지 못하고 추상적인 면이 강하다. 혹자는 이런 문체를 두고 '철학적'이라고 말하기도 하는데 분명한 사실은 논리 정연한 글은 아니라는 점이다. 그리고 전체 64개의 괘 가운데에서 30개 괘에 관한 덕성과 효사 얘기를 끌어들여서 39회에 걸쳐서 역도(易道)의 이치와 의미와 그 효용성 등을 강조하고 있는데 이들 괘에 관한 세부적인 내용을 모르면 쉽게 이해하기가 어려운 면이 없지 않고, 추상적인 어구나 문장에 관해서도 보충설명이 필요하다.

참고로, 39회나 거론되었다는 괘들의 이름과 해당 장을 밝히자면 이러하다. 곧, 계사 상 제8장에서 ①풍택중부괘 ②천화동인괘 ③택풍대과괘 ④지산겸괘 ⑤중천건괘 ⑥수택절괘 ⑦뇌수해괘 등이, 계사 상 제12장에서 화천대유괘가, 계사 하 제2장에서 ①중화리괘 ②풍뢰익괘 ③화뢰서합괘 ④중천건괘 ⑤중지곤괘 ⑥풍수환괘 ⑦택뢰수괘 ⑧뇌지예괘 ⑨뇌산소과괘 ⑩화택규괘 ⑪뇌천대장괘 ⑫택천쾌괘 등이, 계사 하

제5장에서 ①택산함괘 ②택수곤괘 ③뇌수해괘 ④화뢰서합괘 ⑤천지비괘 ⑥화풍정괘 ⑦뇌지예괘 ⑧지뢰복괘 ⑨산택손괘 ⑩풍뢰익괘 등이, 계사 하 제7장에서 ①천택리괘 ②지산겸괘 ③지뢰복괘 ④뇌풍항괘 ⑤산택손괘 ⑥풍뢰익괘 ⑦택수곤괘 ⑧수풍정괘 ⑨중풍손괘 등이다.

　계사 상하전 각 장의 핵심 내용에 대해서는 우리말 번역문 밑으로 요약 정리해 놓았으나 한눈에 전체를 비교할 수 없기에 불가피하게 여기에 최대한 간략하게 도식해 놓았다. 먼저, 이들을 일별해 보기 바란다.

[계사전 핵심 내용 정리]

	계사(繫辭) 상전(上傳)	계사(繫辭) 하전(下傳)
제1장	乾坤之道 : 乾과 坤의 위상, 덕성, 작용, 특징 등 설명	卦·爻·辭의 이치 : 卦 = 象, 爻 = 變, 辭 = 動
제2장	①易 = 卦 + 爻 + 辭 ②易과 君子의 관계	중국 상고사 오황의 치적이 역의 괘에서 비롯됐음을 강조함
제3장	①卦, 爻, 辭의 機能 ②吉凶, 悔吝, 無咎 등의 의미 설명	易 = 象 + 像 + 彖 + 爻 *彖 + 卦 + 資質, 爻 + 動 + 吉凶
제4장	易道 = 天地之道	①陽卦 = 奇數 = 君子之道, 陰卦 = 偶數 = 小人之道 ②君子之道와 小人之道 구분

제5장	①道 = 陰陽 = 乾坤 ②占, 辭, 神의 개념 설명	君子 小人을 포함한 인간사의 도리, 이치 등이 易에 있음을 증명해 보이려는 듯 열 개 卦의 爻辭를 인용 설명함
제6장	①易 = 乾坤 ②易의 작용, 범위, 특징 설명	乾坤의 의미, 작용원리 설명 乾 = 陽 = 剛, 坤 = 陰 = 柔
제7장	①易의 효용성 → 聖人의 德業 ②易 = 天地之道	易의 아홉 개 卦와 德과의 관계
제8장	①易 = 象 + 卦 + 爻 ②卦爻의 원리, 기능, 활용성	易道 = 父母之情 ①陰陽, 剛柔 變動 → 憂患 吉凶 ②爻辭 : 吉凶의 이치, 이유를 설명함
제9장	①天數, 地數, 凡天地之數, 大衍之數, 乾策, 昆策, 萬物之數 등 ②점대로써 爻를 구하는 방법 설명	六爻의 기능, 爻 간의 관계 설명 : 初爻:上爻, 二爻:四爻, 五爻:三爻
제10장	역과 성인지도 관계 설명 : 易 = 辭 + 變化 + 象 + 占(數) 聖人 = 言 + 動 + 製器 + 占	六爻 生成 原理와 그 意味 : 變動 → 差別, 等級 → 吉凶
제11장	①易의 의미, 창제 배경, 기능, 河圖洛書와의 관계 설명 ②易 = 卦 + 爻 + 辭 + 變	①易의 창제 시기와 배경 환기 ②易道, 聖人의 말씀 → 無咎 지향
제12장	①易道와 天地之道의 관계, 그 기능 설명 ②易 = 卦 + 爻 + 辭 + 變	乾坤의 德性, 作用을 전제한 뒤 八卦, 卦爻辭, 剛柔, 六爻 등의 의미, 그 작용을 설명하고, 널리 사용해야 한다는 효용성을 강조함.
종합	道 = 乾坤 = 易 易 = 卦 + 爻 + 辭 + 變(數) 易의 道를 중심으로 설명함	易의 卦爻와 吉凶의 관계를 중심으로 설명함

위 도표에서 보듯이, 계사 상전은 역도(易道)가 '천지(天地), 건곤(乾坤), 음양(陰陽), 강유(剛柔)'라고 하는 실체(實體)의 덕성(德性)과 그 작용(作用)으로 상(象), 괘(卦), 효(爻), 사(辭), 변(變)으로 구성되었음을 누누이 강조하고 있음을 알 수 있다. 그리고 계사 하전에서는 그 역의 괘(卦)·효(爻)·사(辭) 각각의 작용원리와 그 효용성을 중심으로 인간사와 관련지어 설명하고 있음을 알 수 있다. 그래서일까, 혹자는 계사 상전이 역경 상경을 중심으로 해설했다고 하고, 계사 하전이 역경 하경을 중심으로 해설했다고 한다. 여하튼, 다소 난삽한 계사 상하전을 종합하여 계사 집필자가 말하는 역도(易道)를 재정리하자면 이렇게 말할 수 있을 것 같다.

하늘은 높고[尊], 크며[大], 강건(剛健)한 덕성이 있고, 땅은 낮으며[卑], 넓고[廣], 유순(柔順)한 덕성이 있어서 이들이 서로 화합하여[뜻을 내고 받드는 관계] 만물·만상을 낳는다는 기본 인식이 전제되어 있다. 이렇게 하늘과 땅의 관계를 인식한 이가, 더 구체적으로 말하면, 성인이 그 하늘과 땅의 관계를 그대로 가져와서, 다시 말하면 본받아서 성인은 하늘이 되고, 성인을 따르는 백성은 땅이 되어서 성인의 말씀을 믿고 순종해야 한다는 생각을 했던 것 같다. 그리하여 하늘과 땅의 관계처럼 성인과 백성의 관계를 설정하고, 그 천지의 이치를 구체적으로 설명하고 실행에 옮길 수 있는 방도로 창안해 낸 것이 바로 '역(易)'이라고 주장한다.

그렇다면, 계사전(繫辭傳)에서 말하는 역도는 어떻게 정리될 수 있을까? 그것은 이러하다. 곧, 역도는 천지지도(天地之道)요, 건곤지도(乾坤之道)요, 음양지도(陰陽之道)요, 강유지도(剛柔之道)요, 삼재지도(三才之道)를 포함하여 천하의 모든 이치를 담아냈다는 것이다. 그리고 우주 만물이 있기 전에 태극(太極)이 있었고, 그 태극이 양의(兩儀)를 낳고, 양의가 사상(四象)을 낳고, 사상이 팔괘(八卦)를 낳았으며, 팔괘가 64괘를 낳았다고 주장한다. 그러면서 역도는 괘(卦), 효(爻), 사(辭), 점(占=數)으로 구성되었는데, 괘(卦)는 자질이요, 바탕이요, 때이며, 효(爻)는 변하고 움직이어 길흉을 드러내는 직인이고, 효사(爻辭)가 이를 설명하여 알려준다는 것이다. 그래서 군자를 비롯한 사람들은 점대 곧 시초로써 효와 괘를 구하여 다가옴을 예단하는 점사(占事)를 통해서 백성을 제도(濟度)해야 한다는 논리를 전개한다. 특히, 군자는 易을 가까이하여 제기(製器)하고, 다시 말하면 문물제도를 만들고, 천지지도를 본받아 예법을 만들어 인의(仁義)가 실천되도록 해야 한다는 것이다.

그래서 계사전에서는 괘를 창제한 사람과 당시의 정치 사회적 배경, 그리고 상고사에 빛나는 오황(五黃 : 다섯 명의 황제)의 치적이 역의 괘로부터 비롯되었음을 강조하고, 시초(蓍草)로써 효를 구하는 절차와 방법, 육효의 상관관계, 도의 문(門)인 건과 곤의 덕성, 그리고 그 상호작용, 그 기능 등을 산발적으로 설명, 강조하고 있다. 우리가 간과해서는 안 될 것이 있다면, 그것은 천지의 덕성인 강유(剛柔) 곧 음양(陰陽)이 작용하여 만물을 낳듯이 군자는 이를 본받아 인의(仁義)로써 업(業)을 수행해야 한다며, 易의 대상사에서 군자 실천덕목 64가지를 제시하고 있다는 점이다. 한마디로 말해, 천지지도를 통해서 인도(人道)를 구현하라는 중국 유가(儒家) 사상의 이상이 반영되었다.

그러나 한계도 있다. 그것은 천지의 덕성인 강(剛)과 유(柔)가, 다시 말해 양(陽)의 건(健)과 음(陰)의 순(順)이 작용하여 주야(晝夜)와 사시(四時) 변화를 일으킨다고 설명하는 것이 고작이고, 음양의 작용에 관해서도 서로 밀고, 서로 문지르고, 서로 섞는 정도로써 설명하고 있다. 그리고 음양의 부호로써 도식한 팔괘의 상이 과연 천하의 모든 이치가 담긴 핵(核)으로서 합당한 것인가에 대해서는 좀 더 숙고해볼 필요가 있다고 본다. 물론, 태극에 대해서도 마찬가지이다.

-2021. 07. 03.

'도(道)'란 무엇인가

주역(周易)에서 말하는 도(道)에 한하여

우리는 일반적으로, 도(道)를 닦는다[修], 도를 구한다[求], 도를 얻는다[得], 도를 행한다[行], 도를 이루다[成], 도에 머물다[留, 居] 등의 말들을 한다. 그렇다면, 이때 도란 무엇을 두고 말함일까? 매우 광범위하게 쓰이는, 그 도의 의미에 관해서 속 시원한 대답을 구하고 싶었다. 그래서 비교적 고문(古文)과 한문(漢文)을 많이 아는 문사들에게 원고를 청탁했으나 부정적인 의견들이 먼저 답지했다. 그래서 별도리 없이 이 문제를 밝히기에는 턱없이 부족한 내가 스스로 탐색(探索)해 보기로 했다.

흔히, 하늘에는 하늘의 도가 있고, 사람에겐 사람의 도가 있으며, 땅에는 땅의 도가 있다고 한다. 이를 천도(天道)·인도(人道)·지도(地道)라고 한다. 물론, 중국 유교(儒敎)나 도교(道敎)나 불교(佛敎)와 가깝게 살아온 우리도 같은 생각을 해왔다. 특히, 주역(周易)에서는 하늘의 도를 '건도(乾道)'라 하고, 땅의 도를 '곤도(坤道)'라고 한다. 그래서 주역의 도를 건곤지도(乾坤之道), 음양지도(陰陽之道), 일월지도(日月之道), 천지지도(天地之道), 성인지도(聖人之道) 등의 말로써 응축하여 표현하기도 한다.

공자(孔子)는 주역(周易)의 십익(十翼) 가운데 하나인 계사(系辭) 상(上) 제5장에서 "一陰一陽之謂道(일음일양지위도). 繼之者善也(계지자선야), 成之者性也(성지자성야)."라 했다. 그러니까, '(하나의) 음과 (하나의) 양을 일컬어서 도라 하고, 이 음과 양의 도가 끊어지지 않고 이어지는 것은 착함[善]이고, 그것이 이루는 바가 성정[性]이라'는 논리를 폈다. 너무나 함축적인 표현이기 때문에 많은 설명이 요구되지만, 최대한 줄여서 설명해 보고자 한다. 공자가 왜, 음양(陰陽)을 도(道)라 하고, 그것의 지속적인 작용을 선(善)이라고 했으며, 그 결과로서 나오는 것을 성정(性情)이라고 했는지 먼저 이해할 필요가 있다.

대상에 관한 인식(認識)의 주체인 사람 기준에서 보면, 위로 우러러보면 하늘이고, 아래로 굽어보면 땅이다. 그런데 하늘에는 해와 달이 있고, 땅에는 인간을 포함한 수많은 동식물이라는 생명(生命)이 살아가고 있다. 물론, 종교에서는 하늘과 땅을 오가는 귀신(鬼神)·천인(天人, 天使) 등의 존재도 있다고 한다. 여하튼, 하늘에 있는 해와 달은 땅에서 사는 생명에게 지

대한 영향을 미친다. 그 영향 가운데 분명한 하나가 낮과 밤, 그리고 봄 여름 가을 겨울 등 사계절을 부리어 놓는다는 점이다. 물론, 이것은 태양과 지구와의 관계에서 지구의 자전(自轉)과 공전(公轉)이라는 질서(秩序)에 의해서 나타나는 결과로서 자연현상이지만 지구상의 생명이 그 주야(晝夜)와 사계(四季)에 맞추어서 생육(生育)하고, 번성(繁盛)하며, 늙어 죽기도 하는, 이른바 생장노병사(生長老病死) 과정으로 적응(適應)·진화(進化)해 왔다는 사실이다.

그러므로 인간에게 하늘과 땅은 대단히 중요한 존재로 인식될 수밖에 없었다. 그래서 옛사람들은 '하늘과 땅의 도가 무엇일까'를 생각하면서 -물론, 이때 도(道)는 하늘과 땅의 본질(本質)이며, 그것의 작용[구실]과 그 질서(秩序)일 것이다- 동시에 그 덕으로 땅에서 살아가는 인간에게 마땅히 갖추어야 할 도가 있다면 그것이 또한 무엇인가를 생각해 왔던 것이리라. 바로, 이러한 배경에서 옛사람들은 천·지·인(天·地·人) 삼재(三才)라는 요소를 설정, 생각을 전개해 왔다고 판단된다. 그러면서도, 하늘의 도를 인간의 도로 받아들여 생활함으로써 천인합일(天人合一)을 꿈꾸는 공자(孔子:기원전 551.9.28.~기원전 479.4.11) 같은 사람도 나왔다고 판단된다.

그렇다면, 옛사람들은 하늘과 땅의 도를 말하기 전에(인지하기 전에) 그들(하늘과 땅)에 대해서 어떻게 인식했을까? 주역(周易)의 계사(系辭) 상(上) 제1장에서는 "天尊地卑(천존지비), 乾坤定矣(건곤정의)"라 했다. 곧, '하늘은 높고, 땅은 낮은 것으로 결정되어 있다'라는 뜻이다. 그런가 하면, 계사(系辭) 제6장에서는 "夫乾(부건), 其靜也專(기정야전), 其動也直(기동야직), 是以大生焉(시이대생언). 夫坤(부곤), 其靜也翕(기정야흡), 其動也辟(기동야피), 是以廣生焉(시이광생언). 廣大配天地(광대배천지), 變通配四時(변통배사시), 陰陽之義配日月(음양지의배일월), 易簡之善配至德(이간지선배지덕)"이라고 했다. 곧, '무릇, 하늘이란 고요하게 머무르면 전일(專一)하고, 움직이면 곧음으로써 크게 낳는다. 무릇, 땅이란 고요하게 머무르면 화합하고, 움직이면 벗어남으로써[퍼져서] 넓게 낳는다. 그러니까, 크고 넓음은 하늘과 땅의 짝이 되고(어울리고), 변하여 통함은 사계절의 짝이 된다. 음양의 뜻은 해와 달을 짝하고, 쉽고도 간단한 선(原理=道理=易道=理致)은 지극한 덕(德)을 짝한다'라는 것이다. 또한, 계사(系辭) 하(下) 제5장에서는 "天地氤氳(천지인온), 萬物化醇(만물화순). 男女构精(남녀구정), 萬物化生(만물화생)"이라고 했다. 곧, '하늘과 땅의 기운이 성성하여 만물이 서로 도타워지고 남녀가 교합(交合)하여 만물이 생기는 것이다'라고 했다.

이처럼, 주역(周易)의 계사(繫辭=系辭)를 중심으로 보면, 하늘은 높은데(단순히 '高'가 아니라 '尊嚴'하고) 그것이 가만히 있으면 전일하고(오로지 한결같고) 움직이면 곧기에 크게 낳는다는 것이다. 여기서 전일(專一)하다, 곧다[直], 크게 낳는다[大生] 등의 의미에 관해서는 많은 생각을 해야 한다. 반면, 땅은 낮고(단순히 '低'가 아니라 '卑'하고) 그것이 가만히 있으면 화합하고[翕], 움직이면 벗어남으로써[辟=避:널리 퍼져서] 넓게 낳는다[廣生]는 것이다. 그러면서 그 하늘과 땅의 기운이 성성해지면 만물이 서로 도타워져서 자웅(雌雄)이 결합하여 새끼를 낳듯 만물을 낳는다는 것이다. 하늘과 땅의 성품(性品)과 작용(作用)을 이렇게 표현한 것이다.

그런데 여기에서 그친 게 아니라, 그 하늘과 땅을 양(陽)과 음(陰)으로 각각 인지하고서 양은 선으로 길게(━) 표시했고, 음은 양으로 표시한 선을 반으로 자른(━ ━) 모양으로 표시했다. 이렇게 보이지 않는 천지(天地)의 기운을 형상화함으로써(도식함으로써) 양과 음의 만남[화합(和合)·교합(交合)·대립(對立)·충돌(衝突)·조화(調和)·섞임(雜) 등 여러 가지 말들로 표현되지만]의 양태를 경우의 수(數)로 설정, 설명하였다. 그러니까, 만물을 낳는 근원적인 힘이자 바탕[本質]인 것이 음과 양이고, 그 음과 양의 상호작용, 곧 작동원리를 형상화한 것이 바로 음양으로 표시한 괘(卦)와 효(爻)라는 뜻이다.

그런데 이 괘와 효에 대해서는 해석하는 사람에 따라서 조금씩 다르게 이해하고 있다. 예컨대, 왕필(王弼:曹魏經學家, 哲學家 226~249)은 "夫卦者時也(부괘자시야) 爻者適時之變者也(효자적시지변자야)"라 했다. 곧, '무릇, 괘라는 것은 때이고, 효라는 것은 때에 맞게 변하는 것이라'고 했다. 그런가 하면, 정이(程頤: 北宋理学家, 教育者 1033~1107)는 "夫卦者事也(부괘자사야) 爻者事之時也(효자사지시야)"라 했다. 곧, '무릇, 괘란 일이고, 효란 일의 때이다'라고 했다.

또, 그런가 하면, 계사 상 제2장에서는 "聖人設卦觀象(성인설괘관상), 系辭焉(계사언)!"이라 했다. 곧, '성인(伏羲)이 상(모양)을 보고서 괘를 만들었고, 말씀을 엮었다'라고 했다. 그렇다면, 모양 곧 상이란 무엇일까? 계사 상 제8장에 이에 관한 답이 있다. 곧 "聖人有以見天下之賾(성인유이견천하지색), 而拟诸其形容(이의저기형용), 像*其物宜(상기물의), 是故谓之象(시고위지상). 聖人有以見天下之动(성인유이견천하지동), 而觀其會通(이관기회통), 以行其典禮(이행기전례), 系辭焉以斷其吉凶(계사언이단기길흉), 是故謂之爻(시고위지효)."라고 했다. 곧, '하늘과 땅의 심오함[도리(道理), 이치(理致)]을 보는(아는, 인지한) 성인이 있음으로써 그 만물의 합당한 모양을 지었는데 이것을 이름하여 상(象=卦)이라고 한다. 그리고 하늘과 땅의 움직임을 보아 아는 성인이 있음으로써 그것의 회통[會通=천지의 상호작용, 곧, 왕래(往來)관계(關係)]을 꿰뚫어 보고 그 의식[儀式=전례(典禮)]을 행[行=실천(實踐)]함으로써 그 길흉을 가름으로써[단(斷)=분별(分別)=판단(判斷)] 계사가 말해준다. 이러함으로 일러 효(爻)라고 한다.'는 것이다. (*중국에 유포된 주역에는 '像'으로 표기되어 있고, 우리의 주역에는 '象'으로 표기되었다.)

이처럼, 공자(孔子)가 찬술(撰述)했다는 계사(繫辭)를 놓고 보면, 하늘과 땅의 심오한 도리와 그것의 작용과 그 질서(秩序=原理)를 도(道)라 하고, 그 도를 깨우쳐서 만물의 합당한 모양을 지은(만들어 낸) 것이 '상(象=모양)'으로서 괘(卦)이고, 하늘과 땅의 움직임[도(道)의 작용(作用)]을 보아 깨닫고, 만물의 관계[←會通]를 꿰뚫어 보아 그 질서[←典禮]에 따라 행함으로써 그 길흉을 판단하는 것이 효(爻)라는 뜻이다. 간단히 말해, 하늘과 땅, 양과 음이 道이고, 그것의 작용과 그 작용의 원리[秩序]까지가 도라는 뜻이다.

물론, 주역(周易) 본문으로서 몸통 격인 64괘의 괘·효사(卦·爻辭)와 단·상사(彖·象辭)를 분석하면 '중도(中道)'와 '정도(正道)'

라는 새로운 용어가 쓰이는데, 중도(中道)는 천도(天道)요, 성인지도(聖人之道)이고, 정도(正道)는 인도(人道)로서 군자지도(君子之道)라는 것이다. 그런데 정작 중도와 정도에 관한 구체적인 언급은 없다. 다만, 중도는 '지나치지 않음' 내지는 '어긋나지 않음'이라는 정도로만 유추할 수 있다. 그리고 바름(正)이 무엇인지에 대해서도 일체의 언급이 없다. 이 점은 불교의 경전도 마찬가지이지만 선(善)과 악(惡)이라는 단어와 함께 쓰이는 것으로 보면 그저 인간의 보편적 상식적 수준에서의 바름일 뿐이다. 따라서 주역에서의 중도가 무엇인가를 밝히는 문제는 필요한 연구 대상이다. 이 문제에 관해서는 pp.225~233을 참고하기 바란다.

-2021. 01. 21.

팁(Tip) **필자가 생각하는 도(道)의 일반적 개념에 관해서는 이곳에 짧게 정리하여 붙인다.**

①우주 만물과 만상을 존재하게 하는 그 '무엇'으로서 시공을 초월해 있다. 이것을 두고 '형이상적 도'라고 말할 수 있는데 이는 형태를 초월해 있다. 그래서 사람이 보기에는 없지만 있고, 있지만 없는 그 무엇이

다. 부처의 도가 여기에 해당한다. 그런데 부처는 '공(空)'이라는 말로써 그것을 드러내었다. 오늘날 천문학의 지식을 빌리면, 최초의 빅뱅을 일으킨 에너지와 그것의 움직임[작용, 변화]을 존재하게 했던 그 무엇이라고 말할 수 있다.

②주역에서 말하는 도란 태극(太極)이자 그 움직임이다. 태극이 양의(兩儀)를 낳고, 양의가 사상(四象)을 낳으며 사상이 팔괘를 낳았다는데 결국, 양의(兩儀) 곧 음(陰)과 양(陽)의 작용이 만물 만상을 낳는 도라고 설명한다. 그러면서 음양을 천지(天地), 건곤(乾坤), 일월(日月) 등으로 말하기도 했다.

③일반적으로, 어떤 지점에 도달하기 위해서 가거나 어떤 목표를 달성하기 위해서 실행하는, 가장 확실하고도 가장 빠르고 안전한 지름길을 '도'라고 한다. 이 도는 가시적인 길이기도 하고, 불가시적 길, 곧 방법이기도 하다. 그래서 이 길은 누가 언제 어디서 가든 변하지 않는 고정불변의 길이어야 한다고 믿는다. 이것을 두고 불경이나 역경에서는 '상도(常道)' 혹은 '항도(恒道)'라고 한다.

이 '도(道)'의 자리에 나는 '신(神)'을 앉히기 때문에 세상 사람들이 믿는, 인성(人性)이 투사된 종교적 신과는 달라서 신앙 행위 또한 다를 수밖에 없다. 그래서 종교인 앞에서 나는 '무신론자'라고 말하고, 자신에게는 스스로 '유신론자'라고 말한다.

태극(太極)에서 나오는 음양(陰陽)의 이치

주역에서는 '태극(太極)이 음양(陰陽)을 낳고, 음양이 사상(四象)을 낳으며, 사상이 팔괘(八卦)를 낳는다'라고 한다.[1] 그렇다면, 태극이란 무엇인가? 태극에 관해서 구체적으로 설명하는 내용을 주역에서는 확인하지 못했다. 다만, 음과 양을 낳는 모태(母胎)라는 것뿐이다. 그렇기에 중국이나 우리나라에서는 이 태극에 관해 많은 담론(談論)이 생성되었다. 그것들을 얘기하기로 하면 자칫 논점을 흐릴 수 있기에 여기서는 그저 상식적 수준에서 필자의 개인적인 견해를 밝히고 넘어가겠다. 곧, 태극이 음과 양을 초월한 것이든, 동전의 양면처럼 음양이 함께 존재하는 것이든, 분명한 사실은 모든 존재의 근원으로서 그 '무엇'이라는 점이다. 그래서 많은 사람은 그것을 일컬어 소위 '도(道)'라고 부른다. 그런데 그것으로부터 음과 양이 나오는 것을 보면, 천문학에서 말하는 빅뱅을 일으킨 고밀도 에너지와 같은 '기(氣)'라고도 말할 수 있다.

---

1) 是故 易有太極 是生兩儀 兩儀生四象 四象生八卦(繫辭 上部 제2장)

다시, 태극이 물질을 낳는 기(氣)이든, 비물질적인 이(理:초월자)이든지 간에, 그것이 먼저 존재함으로써 음과 양이라는 것이 나왔고, 그 음양의 세기(勢力)에 따라서 태양(太陽)·소양(少陽)·태음(太陰)·소음(少陰) 등 네 가지 상(象:양태, 모습)이 생겼으며, 이 사상(四象)이 팔괘(八卦)를 낳았다는데 주역에서는 바로 이 부분을 얼마나 구체적으로 설명하는지가 매우 궁금하다. 필자는 개인적으로 이 부분에 관해 관심이 많다.

여하튼, 태극이 낳는다는 그 음(陰)과 양(陽)을 주역에서는 과연, 어떻게 설명하고 있는가?

"一陰一陽之謂道 繼之者善也, 成之者性也."라 했다. 그러니까, 음과 양을 일컬어서 도(道)라 했고, 그 도가 계속 작용하는 것이 선(善)이고, 그 도가 작용해서 결과로서 나타난 것이 바로 성정(性情)이고 성품(性品)이라는 뜻이다. 그래서 주역에서는 이 음양의 만남이 어떻게 이루어지는가가 대단히 중요하다. 그러니까, 사상(四象)의 조합이 어떻게 이루어지는가에 따라서 팔괘(八卦)가 결정되고, 그 결정된 괘상(卦象)에 따라서 그것의 의미[성정, 성품, 이것을 주역에서는 '덕성(德性)'이라 함]를 분별한다. 나아가, 팔괘가 서로 만날 수 있는 경우 수인 64괘를 배열하여 각각에 이름과 의미[德性]를 부여해 놓았다. 그 의미가 바로 주나라 문왕이 붙였다는 괘명(卦名)과 괘사(卦辭)이다.

여기까지 이해했다면, 좀 더 구체적으로 음과 양에 관해서 살펴볼 필요가 있다. 주역에서는 하늘이 양이라면 땅은 음이다. 그리고 해[日]가 양이라면 달[月]은 음이다. 그리고 남자가 양이라면 여자는 음이다. 그리고 밝음[明]이 양이라면 어둠[暗, 幽]은 음이다. 그렇다면, 다분히 이분법적이면서 상대적이다. 그래서 기(氣)의 세기와 성상(性狀)을 구분하는 상대적인 개념으로 이해된다. 여기서 음양의 세기는 사상(四象)으로 나타나고, 성상은 음과 양으로 구분되는 효(爻)의 수(數)와 자리[位置]로써 나타난다. 쉽게 말해서, 하나의 괘에서 음효(陰爻)와 양효(陽爻)의 수에 따라서 양괘(陽卦)와 음괘(陰卦)가 결정 구분되고, 그것들의 조합인 64괘에서는 상괘와 하괘, 양효와 음효의 위치에 따라서 성품이 달라져 길함(吉)과 흉함(凶)이 나타난다는 것이다.

그런데 음양의 성품을 말할 때, 양(陽)은 '강(剛:굳셈)'이고, 음(陰)은 '유(柔:부드러움)'라고 한다. 그리고 양은 성인지도(聖人之道)이고, 음은 군자지도(君子之道)인데, 양이 군자지도라면 음은 소인지도(小人之道)가 된다.[2] 그리고 양이 하늘이라면 음은 땅이 된다. 이렇게 상대적인 음양의 성품을 설명한 주역에서

---

2) 陽一君而二民, 君子之道也. 陰二君而一民, 小人之道也.(繫辭 下部 제4장) & 剛柔相推而生変化(繫辭 上部 제2장)

는 음양이 서로 작용하여 '변화(變化)'를 일으킨다고 말한다. 그렇다면 이 '변화'라는 것은 과연 무엇인가?

'하도낙서(河圖洛書)'에서는 양(陽)이 음으로 변하는 것을 '변 (變)'이라 하고, 음(陰)이 양으로 변하는 것을 '화(化)'라 하여서 '변화(變化)'라는 말이 나왔다. 그리고 '낳는다', '생긴다', '이 루다' 등의 의미로 쓰인 '生(생)'과 '成(성)' 두 가지 자(字)도 구 분해 쓴 것 같은데 현재의 나로서는 아직 그것을 구분하는 명확한 기준을 확인하지 못했다. 다만, 변하여 생기는 것을 '생(生)'이라고 하고, 화하여 생기는 것을 '성(成)'이라고 해야 옳다는 정도이다. 여하튼, 사물이 생겨남을 일컫는 '생성(生 成)'이라는 말도 여기서(하도낙서) 비롯되었다. '낙서(洛書)'에 서는 5행 가운데 토(土)를 뺀 나머지 네 요소의 생성에 관해 서, '三變生木(삼변생목) 八化成木(팔화성목), 四化生金(사화생금) 九 變成金(구변성금), 二化成火(이화성화) 七變成火(칠변성화), 六化成水 (육화성수) 一變生水(일변생수)'라는 말로써 표현하고 있다. 그런 데 보다시피, '양-변(陽-變), 음-화(陰-化)'라는 말은 그대로 적 용되었으나 생(生)과 성(成)의 구분에는 일정한 질서가 보이지 않는다. 나무[木]와 물[水]은 陽-生(양-생) 陰-成(음-성)의 원칙이 적용되었으나 불[火]은 음양에 무관하게 成(성)으로만 통일되 었고, 그리고 금(金)은 陽-成(양-성) 陰-生(음-생)으로 정반대로 표현되어 있다. 따라서 이 문제는 더 숙고해 보아야 할 것 같다.

　그렇다면, 이 음양의 변화로 나타난 결과는 무엇일까? 그것은 바로 '생성(生成)'이다. 음양의 변화로 목(木)·금(金)·화(火)·수(水)가 생성되었다고 말하듯이 만물의 생성일 것이다. 그리고 그다음이 바로 현상(現狀)의 생성 곧 나타남['見'과 '顯'이라는 자가 쓰임]일 것이다. 주야(晝夜)가 생기고 사계절이 생기며, 24절기(節氣)가 생기고, 그에 따라서 모든 생명체의 적응(適應)과 진화(進化)라고 하는 변화가 생긴다. 주역에서는 주로 주야와 사계절의 변화를 많이 언급하고 있으며, 그 변화가 땅 위의 사람에게 영향을 크게 미치는 인자(因子)로 여덟 가지를 내세웠는데 그것이 바로 천(天)·지(地)·화(火)·풍(風)·수(水)·산(山)·택(澤)·뇌(雷) 등이다. 물론, 이것들은 상징적인 이름에 지나지 않으며, 이것들에 부여된 각각의 의미가 실재하는 음과 양의 성상(性狀)에 관한 인지(認知) 내용이며, 그 성상이 어떻게 움직이어 어떤 조합을 이루느냐가 만상(萬象→萬狀)을 낳는다는 논리이다. 이 만상을 64개의 괘와 384개의 효(爻)로써 설명하는 것이 주역(周易)의 핵심이다.

　다시 그렇다면, 음양은 어떻게 작용하는 것일까? 계사(繫辭)

하(下) 제5장 가운데 이런 말이 나온다. 곧 "天地氤氳 万物化醇 男女构精 万物化生"이다. 천지의 성성한 기운이 만물을 화순(化醇)하게 하고, 남녀의 구정(構精)이 만물을 화생(化生) 한다는 뜻이다. 여기서 천지(天地)·만물(萬物)·남녀(男女)·화생(化生) 등의 낱말은 지금도 쓰이고 있지만 인온(氤氳)·구정(構精)·화순(化醇) 등의 낱말은 사전에도 등재되지 않을 만큼 거의 사용되지 않는 말이다. '인온(氤氳)'은 '인온(絪縕)'과 같이 쓰이고 있는데 천(天)의 기운(氣運)을 '인(氤)'으로, 지(地)의 기운을 '온(氳)'으로 구분하는 이도 있으나 천지의 기운을 일컫는 말로 보면 틀리지 않는다. 그리고 구정(構精)이란 '구정(構情)'의 오기(誤記)가 아닌가 싶으나 그 뜻인즉 남녀의 욕구, 마음, 인연 등을 엮어서(얽어서) 사랑하게 한다는 것이다. 물론, 여기서 '남녀'란 사람만을 지칭한 것이 아니고 모든 생명의 자웅(雌雄)을 뜻하는 말로 사용되었다고 본다. 그리고 화순(化醇)이란 음양의 기운이 만물을 도탑게, 순수하게 변화시킨다는 뜻으로 보면 틀리지 않는다. 따라서 '순(醇)'을 '순(純)'으로 읽어도 무방하다.

이처럼, 주역에서 말하는 음양은 만물을 생성시키고, 변화시키는 근원적이면서도 절대적인 에너지인 셈이다. 오늘날 우리가 인지하고 있는 태양의 빛과 열에너지로 보아도 사실상, 크게 틀리지 않는다. 그렇다면, 주역에서 말하는 음양은

어떻게 작용하는 것일까? 괘효(卦爻)를 통해서 자세한 설명이
필요하다.

-2021. 02. 15.

주역의 '하늘'과 '땅'의 의미에 관하여

사람이 눈으로써 보고 느끼는 하늘을 우리는 '천(天)'이라고 부른다. 그 천에는 해[日]와 달[月]이 있고 별[星]이 있으며, 그곳 하늘에서 천둥 번개[雷]가 치고 눈비[雪·雨]가 내리며, 바람[風]이 불고 서리[霜]가 응결한다고 여긴다. 그래서 하늘은 단순한 공간이 아니라 사람에게 살 수 있는, 좋고 나쁜 여건을 만들어 준다고 여기면서 어떤 성정(性情)이나 덕성(德性)을 지닌 하늘을 생각하게 된다. 바로 그런 하늘을 두고, 다시 말해, 인성(人性)이 부여된 하늘을 두고 우리는 '건(乾)'이라고 부른다. 따라서 건(乾)이 곧 하늘에 계시는 하느님인 셈인데 높은 곳에 있기에 '상제(上帝)'라고 불렀을 따름이다. 그래서 주역에서는 물[水]이 하늘의 은택이요 때론 험난함이라고 여기고, 바람[風]을 하늘의 섭리와 겸손으로 받아들인다.

그렇듯, 우리가 눈으로 보고 손으로 만질 수 있는 땅을 '지(地)'라 하고, 만물을 낳고 성장시키고 결실을 거두게 하고 죽게도 하는, 그런 덕성과 성정을 갖는 땅을 두고 '곤(坤)'이라고 부른다. 건(乾)의 덕성(德性)으로 강(剛:굳셈)과 건(健:튼튼함)을 말하듯이, 곤(坤)의 그것으로 유(柔:부드러움)와 순종(順從)을 말한다.

나아가, 하늘이 작용하는 이치를 '건도(乾道)'라 하고, 땅이 작용하는 이치를 '곤도(坤道)'라고 하면서, 건도는 남성을 이루고 곤도는 여성을 이룬다고 말한다.[1] 주역에서는 이를 전제하고서 건을 성인(聖人)·군자(君子)·남성(男性)·강건(剛健) 등으로 빗대고, 곤을 백성(百姓)·소인(小人)·여성(女性)·순종(順從) 등으로 빗대어 말하기를 좋아한다. 물론, 이런 비유적인 표현을 고정관념처럼 받아들이는데 여기에는 하늘과 땅에 대한 성정(性情)을 괘(卦)에서 그렇게 부여한 것과 무관하지 않다. 곧, 건(乾)은 원형이정(元亨利貞)이요, 곤 역시 원형이정(元亨利貞)이로되 '빈마지정(牝馬之貞)'이라고 해서 정(貞)에만 조건이 붙었다.[2] 이는 땅이 만물을 생성한다(낳는다는)는 의미에서 '암컷 말[馬]'로 빗대어 표현하여 땅이 갖는 생산성과 모태로서의 건강함을 드러낸 것으로 보인다.

---

1) 乾道成男 坤道成女(건도성남 곤도성녀) : 하늘의 도(道→道理, 攝理, 理致)는 남성을 이루고, 땅의 도는 여성을 이룬다(계사 상편 제1장).
2) 중천건괘(重天乾卦)와 중지곤괘(重地坤卦)의 괘사(卦辭)

이렇게 하늘과 땅을 인식한 주역에서는, 특히, 공자(孔子)는, 상(象→意, 意志)을 이루는 것을 일컬어 하늘이라 하고, 그 법 (法→象)을 본받아 이루는 것을 일컬어 땅이라고 했다.[3] 그러 니까, 하늘과 땅이 하는 일을 구분한 셈이다. 하늘이 뜻을 짓 고, 다시 말해 의도하고, 땅이 그 뜻을 실천하여 실현하는 것 으로 보았다. 이뿐만 아니라, 그런 하늘은 높고(高, 崇), 땅은 낮다(卑, 賤)고 인지했으며(계사 상 제7장), 높은 것은 지혜 (知, 智)와 관련되어 대생(大生)하지만 낮은 것은 예(禮)와 관련 되어 광생(廣生)이라며 양자를 분별하였다.[4] 하지만 그 '대생' 과 '광생'이라는 두 용어를 어떻게 풀이해야 할지 현재의 나 로서는 쉽지가 않다. 하늘은 뜻을 내기에 위대하고 방향이나 범위에 제한을 두지 않지만, 땅은 그 하늘의 뜻을 받들어 모 양을 만들어내기에 땅이라고 하는 수평적 공간에서 이루어 지는 일이므로 넓게 이루어진다는 의미로 廣(광) 자를 쓰지 않 았나 싶다.

---

3) 成象之謂乾 效法之謂坤(성상지위건 효법지위곤) −계사 상편 제5장 중에서
4) 夫易 廣矣大矣 以言乎遠則不御 以言乎邇則靜而正 以言乎天地之間則備矣. 夫乾 其靜也專 其動也直 是以大生焉. 夫坤 其靜也翕 其動也闢 是以廣生焉. 廣大配天地 變通配四時 陰陽之義配日月 易簡之善配至德(계사 상편 제6장 중에서) : 대저, 역이 란 넓고 큼이라. 먼 것을 말하려 한즉 거느릴 수 없고, 가까운 것을 말하려 한즉 고요 하고 바르고, 천지 사이의 것을 말하려 한즉 가득 채워져 있다. 저 건이란, 그 고요함 이 전일하고 그 움직임이 곧게 펴서 크게 생긴다. 저 곤이란, 그 고요함이 모으고 그 움직임이 일구어 넓게 생긴다. 넓음과 큼은 천지와 짝이 (되고), 변통은 사계절과 짝 이 되며, 음양의 뜻은 일월과 짝이 되어서 쉽고도 단순한 선은 지극한 덕과 짝이 된 다.

이와 유사한 얘기로, 하늘은 큰 시작을 주관하고, 땅은 만물의 이룸을 담당한다고 했으며[5] 하늘이 쉽게 주관한다면, 땅은 간단하면서도 능히 일할 수 있다고 했다.[6] 그러니까, 하늘과 땅의 역할을 구분했고, 동시에 그 역할 수행의 능력을 쉽고[易] 간단한 일[簡]로 평가하였다. 이러한 믿음이 있기에 주역에서 하늘은 언제나 강건(剛健)하고, 은총(恩寵)을 베풀며[施][7], 크고 위대하며[大], 바르며[貞→正], 어긋나지 않는[不忒] 질서(秩序)[8]가 있다고 말한다. 그래서 공자는 훈수하기를 '군자는 모름지기 머물면서 괘상(卦象)을 관찰하고, 그 괘상에 딸린 말씀을 익혀 본받아야 하며, 또한 그 변화를 관찰하고 그 수를 익혀서 본받음으로써 하늘이 스스로 도와서 불리함이 없어야 한다'고 강조했다.[9]

그러므로 하늘은 인간이 우러러 본받아야 하는 성정과 덕성을 지닌 존재이고, 그런 하늘을 통해서 기미(幾微)로 나타난

---

5) 乾知大始 坤作成物(건지대시 곤작성물)-계사 상편 제1장중에서

6) 乾以易知 坤以簡能(건이이지 곤이 간능)

7) 承天寵也 : 地水師卦 九二 小象辭

8) 日往則月來 月往則日來 日月相推而明生焉. 寒往則暑來 暑往則寒來 寒暑相推而歲成焉. : 해가 지면 달이 뜨고, 달이 지면 해가 뜨고, 해와 달이 서로 밀어서 밝음이 생긴다. 추위가 가면 더위가 오고, 더위가 가면 추위가 오나니 추위 더위가 서로 밀어서 세월[해]이 된다(계사 하 제5장).

9) 是故君子居則觀其象而玩其辭 動則觀其變而玩其占 是以自天佑之 吉無不利 : 계사 상편 제2장 중에서

함의(含意)를 이해하고 받아들여 일상생활에서도 그것을 실천해야 한다는 논리를 펴는 것이다. 물론, 이 같은 판단에 결정적인 영향을 미친 것이 있다면, 그것은 복희 씨가 하늘을 우러러보아 하늘의 뜻을 읽고서 그것을 형상으로 표현해낸 것이 '괘(卦)'라는 주장이다. 그래서 괘상(卦象)을 보고 그 속에 담긴 말씀을 익혀서 흉함을 피해 허물없는 삶을 살아야 한다고 강조하는 것이다.

우리는 여기에서 놀라운 사실 하나를 유추해 볼 수 있다. 그것은 공자가 인지한 하늘과 땅에서 스스로 주장했던 인륜(人倫)의 핵심이 도출되었을 것이라는 점이다. 곧, 하늘의 베풂에서 인(仁)이 나왔고, 하늘의 변함없는 질서에서 의(義)가 나왔으며, 하늘의 뜻에서 지(智)가 나왔고, 땅의 순종에서 예(禮)가 나왔으며, 하늘의 뜻을 본받고 따르는 땅의 이치에서 신(信)이 나왔다는 점이다. 물론, 이렇게 단정하기에는 어려우나 주역의 계사(繫辭)와 단사(彖辭)와 상사(象辭) 서괘(序卦) 등을 읽다 보면 깊은 연관이 있음을 무시할 수도 없다.

-2021. 02. 26.

괘(卦) 짓는 방법

괘(卦) 짓는 방법에 관해서는 계사전 상 제9장에 언급되어 있긴 한데 설명하다가 그만둔 것처럼 불충분하다. 그래서 그 내용을 갖고는 괘를 지을 수가 없다. 여러 차례 실습을 시도하면서 궁리해 보았으나 그 답이 나오질 않았다. 주역을 공부했다는 사람들조차 확실하게 아는 이들이 없어서 결국엔 현재 중국인들이 역점(易占)을 어떻게 치나 이리저리 탐색해 보았다. 그 결과, 현재 내가 이해한 괘(卦) 짓는 법, 그러니까, 계사전에서 생략된 내용을 퍼즐 꿰맞추듯 노력한 결과를 가능한 한 이해하기 쉽게 설명하고자 한다.

첫째, 대연지수(大衍之數)에 해당하는 50개 시초(蓍草)를 준비한다. 시초로는 대나무 젓가락이나 이쑤시개 등 쉬이 구할 수 있는 물건이면 된다.

둘째, 50개 시초 뭉치에서 한 개를 뽑아 제외한다. 음양(陰

陽)을 낳는 태극(太極)을 상징하는 의미에서이다.

셋째, 49개 시초 뭉치를 무작위로 양분(兩分:둘로 나눔)한다. 양의(兩儀:음, 양)를 상징하는 의미에서이다. 그리고 둘로 나누어진 시초 뭉치를 편의상 책상 위에 좌우로 분리해 놓는다(원래는 왼손과 오른손으로 나누어 쥠). 이때 좌측에 놓은 시초 뭉치는 음(陰) 곧 지(地)를 상징하고, 우측에 놓은 시초 뭉치는 양(陽) 곧 천(天)을 상징한다.

넷째, 좌측 뭉치에서 시초 한 개를 뽑아 왼손으로 쥔다. 소위, 천지인(天地人) 삼재(三才) 가운데 인(人)을 상징하는 의미에서이다.

다섯째, 책상 위에 놓여 있는 좌, 우측의 시초 뭉치를 4개씩 한 조로 헤아린다. 간단히 말해, 4로 나누라는 뜻이다. 우측의 것을 먼저 하고, 좌측의 것을 그다음에 한다. 그 결과 양쪽에서 남는 수가 있다면 그것들을 합치고, 왼손에 들린 한 개의 시초와 함께 따로 떼어 놓는다. 이때 주의할 점은, 좌, 우측 시초 뭉치를 4로 각각 나누었는데 남는 수가 없을 시에는 해당 시초 뭉치에서 무조건 4개를 취한다. 좌, 우측 모두 남는 수가 없을 때는 양쪽에서 4개씩 취하면 된다.

여섯째, 책상 위 좌, 우측 시초 뭉치를 합쳐서 다시 처음부터 그대로 두 차례를 반복한다. 결과적으로, 세 차례까지 했을 때 책상 위에 남는 좌, 우측 시초 뭉치를 합친 다음, 그것을 다시 4(사계절을 상징하여)로 나누어 그 결과로 나오는 숫자를 별지에 기록한다. 이때 나오는 숫자는 반드시 6, 7, 8, 9 가운데 하나이다. 이렇게 해서 처음 나온 숫자가 바로 초효(初爻)를 결정짓는다. 그 수가 양수이면 양효이고, 음수이면 음효라는 뜻이다.

일곱째, 이상의 절차대로 다섯 번을 더해야 육효(六爻)가 결정되고, 그 결정된 효들을 차례로 그려놓고 보면 비로소 내가 지은 괘가 64개 괘 중 어떤 괘인지 알 수 있다. 그런 다음, 결정된 괘의 괘사(卦辭)를 통해서 내가 직면한 상황을 이해하고, 그 효사를 통해서 앞으로 전개될 구체적인 상황 변화를 판단하고 대비하는 것이다. 바로 이런 이유에서 역은 길함을 취하고 흉함을 피함으로써 궁극적으로는 허물이 되지 않는, 무구(無咎)한 삶으로 이로움을 얻고자 하는 것이다.

그런데 괘를 짓는 절차에서 보았듯이, 49를 가지고 양분(兩分)하고, 왼쪽에서 하나를 취한 다음, 양분된 것들을 각각 4로 나누어 남는 수를 합쳐 따로 떼어 놓고, 나머지 것으로써 처음부터 다시 두 차례를 더하여 최종적으로 남는, 좌우로 양분된 것을 합쳐 다시 4로 나누어 생기는 숫자가 초효의 음양을 구분 짓는데 이런 행위가 과연 천지의 뜻과 얼마나 일치하겠는가? 극단적으로 말해, 천지의 뜻이나 있겠는가? 심사숙고해 볼 필요가 있다.

대연지수를 50이 아닌 55로 여기는 이들도 많은데 그들은 시초 55개를 준비해 시작하되 육효의 변화를 상징한다는 의미에서 6개를 제외한 49개로써 괘를 짓는다. 그 절차는 같다.

신(神)과 점(占)에 관하여

　주역(周易)의 계사(繫辭) 가운데에서는 ①도(道) ②신(神) ③귀신
(鬼神) ④유혼(游魂) 등의 단어가 쓰였다. 도(道)란 것은 음(陰)과
양(陽)을 말함이고, 신(神)이란 것은 헤아릴 수 없는 그 음양의
성덕(盛德)과 대업(大業)을 두고 말한다. 그러니까, 음양의 작용
(作用), 음양의 움직임[動], 음양의 기능(機能) 등이 낳는 결과까
지 과정의 신묘함을 말한다. 오늘날 우리가 종교적으로 인식
하고 있는 '신(神)'과는 전혀 다른 개념이다.

　그리고 귀신(鬼神)이란 것은 우리가 알고 있는, 죽은 사람의
넋도 아니고, 사람에게 길흉화복을 주는 특정 신령도 아니
다. 해당 원문을 통한 설명이 필요해 보인다. 곧, "精氣爲物
游魂爲變 是故知鬼神之情狀(정기위물 유혼위변 시고지귀신지성상)"이
라고 했다. 정기가 만물을 이루고, 떠도는 혼이 변하는 연고
로 귀신의 정상(情狀:어떤 일이 벌어졌거나 있는 그대로의 사
정)을 안다는 것이다. 그렇다면, 귀신이란 앞서 말한 신과도

같은 개념으로 정기(精氣)와 유혼(游魂)을 포함하는 포괄적 상위개념으로 판단된다.

그런데 주역(周易)의 괘사와 효사에는 '鬼神(귀신)'이라는 단어가 한 번도 쓰이지 않았는데 64괘의 단사(彖辭) 가운데 딱두 번 쓰였다. 지산겸괘(地山謙卦) 단사(彖辭)와 뇌화풍괘(雷火豐卦) 단사(彖辭)에서이다. 물론, 「문언전(文言傳)」에서 두 번 쓰인 것을 제외하면 그렇다.

① 天道虧盈而益謙 地道變盈而流謙 鬼神害盈而福謙 人道惡盈
　而好謙 : 지산겸괘(地山謙卦) 단사(彖辭) 중에서

꽉 찬 것을 헐어서 겸손에 보태주는 것이 하늘의 이치이고, 꽉찬 것을 변화시켜서 겸손에 흐르게 하는 것이 땅의 이치이며, 꽉찬 것을 해치어 겸손에 복으로 보태주는 것이 귀신이며, 꽉 찬것을 싫어하고 겸손을 좋아하는 것이 바로 사람의 마음이다.

② 日中則昃 月盈則食 天地盈虛 與時消息而況於人乎? 況於鬼神
　乎? : 뇌화풍괘(雷火豐卦) 단사(彖辭) 중에서

해가 중천에 뜨면 곧 기울고, 달이 꽉 차면 곧 이지러지고, 천지가 꽉 차면 때에 맞추어 사라지게 하여 비우는 (법이거늘) 하물며 사람과 귀신에서이랴.

위 두 예문에서 보듯이, 공자는 귀신을 분명 사람과 다른 존재로 인식하고 있음을 확인할 수 있다. 그렇다고 하늘도 땅도 아닌 그 무엇이다.

계사(繫辭)에서는 음(陰)과 양(陽)이 변화(變化)하고, 상호작용해서 만물을 낳는다는 이치를 설명한다고 한 것이 바로 귀신인데 정확한 개념 설명 없이 모호하게 사용한 한계를 드러내고 있다. 정기(精氣), 유혼(游魂), 귀신(鬼神) 등의 단어를 쓰면서 오로지 '변(變)한다'라는 것에 관계하고 있음을 강조하고 있다. 그것도 양(陽)이 변하는 것을 변(變)이라 하고, 음(陰)이 변하는 것을 화(化)라고 하며, 이 변화 속에 통(通)이 함께한다는 정도로 설명할 뿐 그 이상은 불가했던 것으로 보인다.

그런데 단사(彖辭)에서는, 귀신을 하늘과 땅의 신묘한 작용도 아니며, 음과 양의 변화도 아니며, 죽은 사람의 혼령도 아니지만, 겸손을 좋아하고 겸손한 이에게 복을 주는 주체로 인식했다. 그래서 더욱 모호해져 버리고 말았다.

그러나 '역(易)'과 '점(占)'과 '일[事]'과 '신(神)'의 관계를 설명하는 계사 내용을 보면 천도(天道) 지도(地道) 인도(人道) 신도(神道) 등이 곧 귀신(鬼神)의 도(道)임을 유추할 수 있다. 곧, "生生之謂易 成象之謂乾 效法之謂坤 極數知來之謂占 通變之謂事 陰陽不測之謂神(계사 상편 제5장 중에서)"에서처럼, 낳고 또 낳는 것을 일컬어 역(易)이라 하고, 상(象→意, 志)을 짓는 것을 일컬어 건(乾)이라 하며, (그) 이치를 본받아 (일하는) 것을 일컬어 곤(坤)이라고 하고, 수(數)를 다하여 다가옴을 아는 것을 점(占)이라 하고, 변하고 통하는 것을 일컬어서 일[事→爻]이라고 하며, 헤아릴 수 없는 음양을 일컬어 신(神)이라고 한다는 이 말이 곧 그 증거이다.

　-2021. 02. 25.

육효(六爻)는 어떻게 작용하는 것일까

육효(六爻) 중괘(重卦)에서 육효가 어떻게 작용하는지를 알아야 괘상(卦象)을 보고 그것에 담긴 뜻을 읽어낼 수 있다. 만약, 그것을 모른다면 그저 이미 나와 있는, 주어진 괘·효사(卦·爻辭)에 전적으로 의존할 뿐 아니라 그 진의(眞意)조차 이해하기 힘들 것이다. 그러면, 육효가 어떻게 작용하는지를 말하기 전에 먼저 전제해 두어야 할 것으로 두 가지가 있는데 그것을 말하겠다. 그 둘은 건(乾)과 곤(坤)에 부여된 의미이다. 주역에서 말하는 하늘과 땅의 의미에 관해서는 별도의 글이 필요하지만 여기서는 육효의 작용 원리를 이해하는 데에 도움이 되는 정도로만 약술하고자 한다.

주역에서는 삼재(三才) 가운데 하늘을 '천(天)'이라 하지 않고 '건(乾)'이라고 했으며, 땅을 '지(地)'라고 하지 않고 '곤(坤)'이라고 쓴다. 물론, 천(天)과 지(地)는 가장 널리 쓰이는 대자연의 요소로서 사람의 눈으로 볼 수 있는 대상을 지칭하는 일반적인 개념이다. 그런데 주역에서는 이를 피하고 같은 의미의 '건(乾)'과 '곤(坤)'이라는 말을 쓴다. 여기에는 하늘과 땅이 인간을 포함한 생명을 위해서 기능(機能→作用)한다고 보기 때문에 이미 인성(人性)이 부여된 하늘과 땅이라는 점에서 굳이 구분해 쓰는 것이 아닐까 싶다. 문제는, 그 하늘[乾]과 그 땅[坤]의 위상(位相)과 기능에 대해서 아주 특별하게 설명한다는 점이다. 그것을 한마디로 말하면, 성정(性情)이 다른, 천(天)과 지(地)의 합덕(合德)으로 만물이 나온다고 믿는 점이다.

"하늘은 높고 땅은 낮아서 건(乾)과 곤(坤)은 정해져 있다. 높고 낮음이 배열되니 귀하고 천함이 자리한다. (그들의) 움직임과 정지함은 언제나 있어서 굳셈과 부드러움으로 (결정되어) 나타난다. (그에 따라) 만물이 유형별로 모여서 공간에 나타나고, (다시) 무리로 나뉘어서 길함과 흉함이 생긴다. 하늘에서는 상[象:뜻]이 이루어지고, 땅에서는 형상(形狀)이 이루어지는 변화가 나타난다."[1]고 한다. 그래서 건도[乾度:하늘의 도]와 곤도[坤道: 땅의 도]라는 말이 쓰이며, "건도는 남성을 이루고, 곤도는 여성을 이룬다고 하며, 건(乾)은 큰 시작을 주

---

1) 天尊地卑 乾坤定矣. 卑高以陳 貴賤位矣. 動靜有常 剛柔斷矣. 方以類聚 物以群分 吉凶生矣. 在天成象 在地成形 變化見矣(계사 상 제1장 중에서).

관하고, 곤(坤)은 만물을 이룸[成→生]을 담당한다"[2] 라고 한다. 바로 그렇기 때문일까, 공자는 "역(易)으로 들어가는 문이 곧 건곤(乾坤)인가?"라고 가볍게 자문(自問)하면서 "건이 양물(陽物)이면 곤은 음물(陰物)이며, 그 음양의 합덕(合德)으로, (다시 말하면) 천지의 법칙이라는 본질로써 (그리고) 신명의 덕과 통함으로써 그 굳셈과 부드러움의 본성이 나온다."[3] 라고 했다. *인용문 속 괄호 안의 말은 본문에는 없으나 한문을 해석함에 필요한, 생략된 말이라 해도 틀리지 않는다.

그리고 건(乾)은 하늘[天]이고, 양(陽)이고, 강(剛)이고, 남(男)이고, 성인(聖人) 등으로 곧잘 빗대어져 혼용되고, 곤(坤)은 땅[地]이고, 음(陰)이고, 유(柔)이고, 여(女)이고, 군자(君子) 등으로 혼용된다는 점이다. 그래서 중천건(重天乾)의 효사에서 여섯 마리의 용(龍)이 건(乾)의 성정을 발현하는 주체로, 중지곤(重地坤)의 괘사에서 암말[牝馬]이 곤(坤)의 성정을 발현하는 주체로 각각 빗대어졌다.

자, 그렇다면, 음과 양의 작용으로써 만물이 생기고, 그 음

---

2) 乾道成男 坤道成女. 乾知大始 坤作成物(계사 상 제1장 중에서).
3) 子曰 : '乾坤, 其《易》之门耶?'乾, 阳物也 ; 坤, 阴物也. 阴阳合德, 而刚柔有体. 以体天地之撰, 以通神明之德(계사 하 제6장 중에서).

과 양의 '변화(變化)·변동(變動)'으로써 만물에 길흉(吉凶)이 생긴다는데[4] 어떻게 작용하는 것일까? 이런 질문을 하면 누구나 쉽게 설명해 주지는 못하는 것 같다. 그저, 만물이 생기는 것은 '음양의 조화(調和→造化)'요, 길흉이 생기는 것은 '하늘의 뜻'이라는 정도로 말하는 것이 고작이다.

다시, 그렇다면, 음양의 움직임과 상호 관계에 대해서 경문(經文)에서는 ①상추(相推:계사 상 제2장, 계사 하 제1장) ②상마(相摩:계사 상 제1장) ③상역(相易:계사 하 제8장) ④상잡(相雜:계사 하 제8장) ⑤상탕(相蕩 또는 相盪:계사 상 제1장) 등의 단어가 쓰였다. 상추(相推)는 '서로 밀어낸다'라는 뜻이고, 상마(相摩)는 '서로 문지른다'라는 뜻이다. 그리고 상역(相易)은 '서로 자리가 바뀐다'라는 뜻이며, 상잡(相雜)은 '서로 섞인다'라는 뜻이다. 그리고 상탕(相盪)은 '서로 움직이게 하다'라는 뜻이다. 그러고 보면, 이들은 모두가 다 움직임[動]과 변함[變]과 관련되어 있음을 알 수 있다. 그래서인지, '盪(탕)' 자와 같은 의미로 '流(유)' 자가 쓰이기도 했다.

음과 양의 관계와 움직임에 대해서는 이렇게 추상적으로

---

4) '易'之为书也! 不可远, 为道也屡迁, 变动不居, 周流六虚, 上下无常, 刚柔相易, 不可为典要, 唯变所适(계사 하 제8장).

설명되었는데 음과 양을 표시한 육효(六爻)가 하나의 괘(卦) 안에서는 어떻게 서로 작용할까? 이 부분에 대해서는 그래도 조금은 더 구체적인데 아직 내가 이해하지 못하는 구석도 없지 않다. 가능한 범위 내에서 하나의 괘상(卦象)을 놓고 설명해 보고자 한다.

아래 지천태(地天泰) 괘상(卦象)에서 보는 바와 같이, 3효(爻=劃) 단괘(單卦) 두 개가 위아래로 결합한 6효 중괘(中卦)로서 효(爻)는 6개로 되어있다. 이것을 그릴 때는 밑에서부터 위로 그려 나가고, 읽을 때는 위 상괘(上卦)인 곤괘(坤卦)에 하괘(下卦)인 건괘(乾卦)를 부쳐 읽으면 된다. 그래서 '지천태(地天泰)'라고 읽는다. 그런데 6개의 효 가운데 길게 한 줄로 된 것이 있고, 중간에 끊긴 것이 있는데, 긴 것은 양(陽)을, 끊긴 것은 음(陰)을 표시한다. 개수(個數)로 치면 한 개는 양이고 두 개는 음이라는 뜻으로 받아들여도 틀리지 않는다. 그러니까, 전체 64개의 괘 가운데 중천건(重天乾)과 중지곤(重地坤)을 빼고는 62개의 모든 괘가 음양을 표시한 6개의 효로 구성되는, 두 기호의 조합인 셈이다.

그런데 재미있는 것은, 이 6개의 효를 부를 때 첫째 효, 둘째 효, 셋째 효, 넷째 효, 다섯째 효, 여섯째 효라고 부르면 쉬울 텐데 그렇게 부르지 않고 아래 지천태(地天泰) 괘상(卦象)에서 보는 바와 같이 ①초구효(初九爻) ②구이효(九二爻) ③구삼효(九三爻) ④육사효(六四爻) ⑤육오효(六五爻) ⑥상육효(上六爻) 등으로 부른다는 점이다. 앞에 구(九) 자가 들어가는 것은 양효이고, 육(六) 자가 들어가는 것은 음효라는 것쯤은 어렵지 않게 이해된다.

그렇다면, 왜, 양효는 구(九)로 표시하고, 음효는 육(六)으로 표시하는가? 여기에도 나름의 이유가 있다. 1에서 10까지 숫자를 놓고 볼 때, 10은 가장 높은 수(數)로서 하늘을 상징하고 아래로 작용함으로 양효는 그 10을 근원으로 하여 9로써 작용하고, 가운데 숫자인 5는 사람과 땅을 상징하고 위로 작용하기 때문에 5를 근원으로 하여 6으로써 작용한다는 것이다. 이것을 두고 '체십용구(體十用九), 체오용육(體五用六)' 원리라고 하는데 양과 음의 작용이 다름을 나름대로 의식한 결과라고 판단된다. 그러니까, '양은 위에서 아래로, 음은 아래에서 위로'라고 그 방향이 전제되었고, 양과 음이 작용하는 기점(起點)의 숫자인 9와 6으로 표시한 결과라고 판단된다. 그래서 제일 위의 효와 제일 아래 효를 뺀 나머지 4개 효에서는 양효일 때는 '구'로 시작하는 이름이 붙고, 음효일 때는 '육'으로 시작하는 이름이 붙는다. 그런데 제일 위의 효는 '상효

(上爻)'라고 하는데 그것이 양이면 상구(上九)로, 음이면 상육(上六)으로 부른다는 것이다. 그렇듯, 제일 아래 효는 하효(下爻)가 아닌 '초효(初爻)'라고 하는데 그것이 양이면 초구효(初九爻), 음이면 초육효(初六爻)라고 각각 부르게 된다. 굳이, 초(初)와 상(上)으로 특별하게 강조할 필요가 있었을까? 이 문제에 관해서는 많은 생각을 해보았으나 아직 뚜렷한 단서를 찾지 못했다. 다만, 초(初)는 시작(始作)이고, 상(上)은 끝나는[終] 자리이다. 그리고 더 생각하면 시(始)는 본(本)이고, 종(終)은 말(末)이 되는데 이들 삼자를 묶으면 '初-始-本, 上-終-末'이 된다. 어쩌면 '시종(始終)'과 '본말(本末)'이라는 말도 여기에 근거를 두지 않았을까 싶기도 하다.

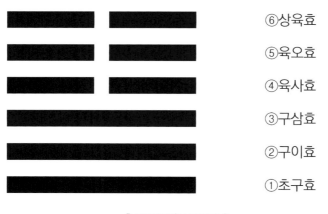

⑥상육효

⑤육오효

④육사효

③구삼효

②구이효

①초구효

[**지천태**(地天泰)]

여하튼, 효에는 양효(陽爻)와 음효(陰爻)가 있고, 괘(卦)는 이들 음양효(陰陽爻)의 조합(組合)인데, 그 효의 수가 단괘에서는 3개이고, 중괘에서는 6개이다. 중괘는 단괘인 팔괘(八卦)가 서로 한 차례씩 만나는 경우의 수로서 64개의 괘가 나오며, 이들은 모두 자연스럽게 6개의 효로 구성된다. 하나의 괘에 있는 6개의 효는, 양효로만 되어있는 중천건(重天乾)과 음효로만 되어있는 중지곤(重地坤)을 빼고는 62개의 괘가 모두 음효와 양효가 섞이어 있게 되는데, 문제는 그것들의 위치(位置)와 수(數)가 달라져서 길흉(吉凶)이 생긴다는 것이다. 바로 이 부분에서 나는 신경이 쓰인다. 그래서 6개의 효가 서로 어떻게 작용하는지가 주역에서는 대단히 중요할 뿐 아니라 재미있다고 말할 수밖에 없다. 이제, 이 문제를 가능한 범위 내에서 설명해 보겠다.

자, 6개의 효를 놓고 밑에서부터 위로 일련번호를 매기면 1, 2, 3, 4, 5, 6이 된다. 이 1에서 6까지의 숫자를 세워놓고 볼 때 1, 3, 5는 홀수로서 陽을 뜻하고, 2, 4, 6은 짝수로서 陰을 뜻한다. 그래서 주역에서는 홀수의 자리에는 양효가 자리해야 하고, 짝수의 자리에는 음효가 자리해야 길(吉)하다고 하고, 그렇지 않으면 흉(凶)하다고 한다. 이것을 일컬어서 소위, '정위(正位)'와 '부정위(不正位)'라는 말로써 표현한다. 그러니까, 양의 자리에는 양효가 자리해야 하고, 음의 자리에는 음효가 자리해야 이상적이라는 뜻이다. 그러나 이미 음효와 양효의 자리가 굳어져 버린 팔괘(八卦)의 조합이 64괘이므로 중괘가 어떤 조합이냐에 따라서 그 음효와 양효의 자리가 바뀌긴 하는데 '제한적'으로 바뀐다는 사실이다. 이런 논리로 지천태괘를 놓고 보면, 구이효의 자리는 짝수 자리이므로 음효가 자리하면 좋은데 양효가 차지하고 있고, 육오효의 자리는 홀수 자리이므로 양효가 자리하면 좋은데 음효가 차지했음을 볼 수 있다. 굳이, 이렇게까지 말하는 것은 효의 정위와 부정위가 길흉을 판단하는 데에 필요한 한 가지 인자(因子)라는 이유에서이다.

그리고 6개의 효 가운데 상·하괘 위쪽의 2개는 하늘[天]을, 중간에 2개는 사람[人]을, 아래 2개는 땅[地]을 각각 상징한다고 한다. 하지만 이점은 실제로 효사를 읽을 때 크게 영향을 미치지 않는 것 같다. 그런데 이 육효를 상괘(上卦)와 하괘(下卦)로 나누어서 볼 때 중간이 2효가 각각 사람을 상징하는 자리이기 때문에 구이효와 육오효가 각각 사람을 상징하는 것으로 보고서 '중도(中道)'를 얻었다고 여기며, 이를 대단히 중요하게 생각한다. 특히, 정위(正位)까지 했다면, 다시 말해, 이효(二爻)가 음효(陰爻)이면 '유득중(柔得中)'이라 하고, 오효

(五爻) 자리에 양효(陽爻)이면 '강득중(剛得中)'이 되어 이상적인 상황으로 받아들이는 경향이 있다. 여하튼, 이효와 오효는 무조건 중도를 얻었다며 '득중(得中)'이라는 말을 쓰는데 다른 효들은 득중(得中)하지 못했거나 지나쳤다며 '부중(不中)'이라는 말로써 표현한다. 그리고 지나쳤다고 말하는 삼효(三爻)와 상효(上爻)는 교만함으로 받아들이고, 초효(初爻)와 사효(四爻)는 부중이라고 여겨서 득중(得中)한 효보다는 여러모로 못하다는 효사가 붙는다. 그렇다면, '중도(中道)란 대체 무엇인가?'라는 아주 새로운 문제가 대두된다.

'중도(中道)'를 흔히 '천도(天道)', '건도(乾道)', '성인지도(聖人之道)' 등의 말로써 표현하는데 효와 효 사이의 관계에서 이 중도가 이해되고 설명되어야 하는데 하지만 그렇지 못하는 것 같다. '중도(中道)'라는 용어는 대단히 함축적인 의미를 지니는 철학적 키워드 가운데 하나로서 불교(佛敎)에서도 굉장히 많이 강조되면서 매우 폭넓게 쓰이고 있다. 그렇다면, 주역(周易)에서 말하는 중도란 무엇인가? 이 문제는 별도의 글이 필요하기에 여기서는 그저 상식적 수준에서 말하고 싶다. 곧, 많아서 지나치지 않고, 부족해서 불만족스러운 상태가 아닌, 균형을 이루는 조화로운 관계라고 짧게 줄여서 말할 수 있다. 이효와 오효가 사람의 자리인데 오효의 자리가 성인이라면 이효의 자리는 군자의 자리가 된다. 그렇듯, 오효의 자리가 왕이라면 이효의 자리는 신하가 된다. 예로 든 지천태괘에서처럼 유약한 왕이 강직한 신하를 믿고 잘 부리면 조화로운 관계를 이루어서, 다시 말하면 육오 음효가 이효 양효를 만나서 중도를 실천하는 데에 무리가 없다고 말한다. 이런 식으로 말하고 판단한다면, 만약에 육오효의 자리가 양효가 와서 구오효가 된다면 왕과 신하가 서로 강해서 대립하는 구도로서 강(剛)과 강(剛)의 관계, 곧 양(陽)과 양(陽)이 대립으로 중도를 실천하는 데에 마찰이 생길 수 있다고 보아야 옳다. 그래서 각 효사가 합당한지도 사실상 신중하게 따져보듯이 살펴야 한다.

그리고 초구효와 육사효가, 구이효와 육오효가, 구삼효와 상육효가 각각 짝[配]을 이룬다고 말한다. 천지인(天地人) 삼재(三才)에서 단괘의 3효가 성립되었다는 점을 상기하면 쉽게 이해되리라 본다. 이 짝들이 음과 양으로 맞추어지면 '서로 응한다'라고 해서 '응효(應爻)'라고 부르고, 그렇지 못했을 때는 '비효(非爻)'라고 부른다. 결국, 음과 양의 만남과 관계를 길(吉)하다고 하고, 음과 음, 또는 양과 양의 만남과 관계를 흉(凶)하다고 보는 기본적인 인식이 깔려있다. 물론, 지천태에서는 3개의 짝이 모두 음-양, 음-양, 음-양으로써 응효를 이루었음을 볼 수 있다.

그리고 각 효가 위아래로 이웃하는 효와의 관계를 따지기도 하는데 이 관계 역시 음양의 조합이면 친비[親比:친하게 사귈 수 있는 관계] 관계가 있다고 말하고 음과 음, 양과 양의 조합이면 친비 관계가 없다고 말한다. 물론, 친비 관계가 있으면 상호 도움을 주고받는 관계로 인식한다.

이처럼 주역은, 여덟 가지 변수[팔괘]로 결정되는 64가지 상황[64괘]이 드리워지고, 그 하나하나의 상황[卦] 안에서 6개의 효가 음과 양의 조합으로 나타나는, 그 위치와 세기[數]와 상호 관계에 인성과 인간관계를 대입시켜 여섯 가지 유형으로 설명하고 있다.

-2021. 02. 17.

※『계사전(繫辭傳)』에서 육효(六爻) 간의 관계를 어떻게 보고, 어떻게 읽을 것인가에 관해서는 계사 하 제9장에 딱 한 차례 언급되었다. 관련 내용에 대해서는 다른 글 「역(易)의 핵심은 이것이다」(pp. 272~289)에서 소개된다.

주역에서 말하는 '인(吝)'이란 어떤 의미인가

주역(周易)의 괘사(卦辭) 효사(爻辭) 상사(象辭)에서 총 25회나 '吝(인)'이 사용되었는데 20회는 효사에서 사용되었고, 5회는 상사에서 쓰였다. 따라서 효사에서 이 '인(吝)'이 어떻게 사용되었는지를 따져 보면 그 의미를 알 수 있지 않을까 싶다. 그리고 계사(繫辭)에서는 계사 상전 제2장, 제3장, 계사 하전 제1장, 제3장(2회), 제12장 등에서 6회 사용되었는데 한결같이 '회린(悔吝)'이라는 단어로 묶이어 사용되었다. 물론 효사에서는 '회(悔)'와 무관하게 독립적으로 사용되었다. 자, 그렇다면 이 吝(인)이 사용된 효사를 모두 가려내 보자. 아래 효사 번역은 정이천의 역전을 완역한 '심의용'의 것을 그대로 옮겨 놓았다.

① 六三, 即主鹿无虞, 惟入于林中, 君子几, 不如舍, 往吝. (水雷屯卦)

육삼효는 사슴을 쫓는데 안내자가 없어 깊은 숲속에 들어갈 뿐이다. 군자가 기미를 보고 그만두는 것만 못하니 그대로 가면 인색해진다.

② **初六, 发蒙, 利用刑人, 用说桎梏 ; 以往吝.** (山水蒙卦)
초육효는 어리석음을 깨우치되, 형벌을 주고 질곡을 벗겨주는 것이 이로우니, 지나치게 행하면 인색해진다.

③ **六四, 困蒙, 吝.** (山水蒙卦)
육사효는 어리석음 때문에 곤란을 겪게 되니 부끄럽다.

④ **上六, "城复于隍" ; 勿用师, 自邑告命, 贞吝.** (地天泰卦)
상육효는 성이 옛터로 다시 돌아간다. 군사를 쓰지 말고, 자신의 고을로부터 명을 고하는 것이니, 올바름을 굳게 지키더라도 부끄럽다.

⑤ **六二, 同人于宗, 吝.** (天火同人卦)
육이효는 같은 집안사람끼리 연대하니 인색하다.

⑥ **六四, 裕父之蛊, 往见吝.** (山風蠱卦)
육사효는 아버지의 일을 너그럽게 처리하는 것이니, 계속해 나가면 인색해진다.

⑦ **初六, 童观, 小人无咎, 君子吝.** (風地觀卦)

초육효는 어린아이가 보는 것이니, 소인은 허물이 없지만 군자
라면 부끄럽다.

⑧ **六三, 噬腊肉 , 遇毒 ; 小吝, 无咎.** (火雷噬嗑卦)

육삼효는 말린 고기를 씹다가 독을 만났으니, 조금 부끄럽지만
허물은 없다.

⑨ **六五, 贲于丘园, 束帛戋戋 ; 吝, 终吉.** (山火賁卦)

육오효는 언덕의 정원에서 꾸미는 것이니, 묶인 비단이 재단되
어있는 듯이 하면 부끄럽지만 결국에는 길하다.

⑩ **九四, 栋隆, 吉 ; 有它, 吝.** (澤風大過卦)

구사효는 들보 기둥이 높아지는 것이니 길하지만, 다른 마음을
가지면 부끄럽다.

⑪ **九三, 咸其股, 执其随, 往吝.** (澤山咸卦)

구삼효는 넓적다리에서 감동한다. 따르는 것만 고집하니, 가면
부끄럽다.

⑫ 九三, **不恒其德, 或承之羞, 贞吝.** (雷風恒卦)

구삼효는 그 덕을 오래토록 지속시키지 못한다. 간혹, 수치로 이어질 것이니, 고지식하게 올바름을 고집하면 인색해진다.

⑬ 上九, **晋其角, 维用伐邑, 厉右, 无咎 ; 贞吝.** (火地晋卦)

상구효는 나아감이 뿔과 같으니, 오직 고을을 징벌하는 데에 사용하면 엄격하더라도 길하여 허물이 없지만, 올바름에는 인색함이 있다.

⑭ 九三, **家人嗃嗃, 悔厉, 吉 ; 妇子嘻嘻, 终吝.** (風火家人卦)

구삼효는 집안사람들이 원망하는 소리를 낸다. 엄격함을 후회하지만 길하다. 부인과 자식이 희희낙락하면, 끝내 수치스럽게 될 것이다.

⑮ 六三, **负且乘, 致寇至 ; 贞吝.** (雷水解卦)

육삼효는 지고 있어야 하는데 타고 있는 것이라 도적이 오게 하니, 올바르더라도 인색하게 될 것이다.

⑯ 上九, **姤其角 ; 吝, 无咎.** (天風姤卦)

상구효는 그 뿔에서 만남이다. 인색하니, 탓할 곳이 없다.

⑰ 六三, 萃如嗟如, 无攸利；往无咎, 小吝. (澤地萃卦)

　육삼효는 모이게 하려다가 탄식한다. 이로울 바가 없으니 가면
허물이 없지만, 다소 부끄럽다.

⑱ 九四, 来徐徐, 困于金车, 吝, 有终. (澤水困卦)

　구사효는 오기를 천천히 하는 것은 쇠수레에 곤란을 느끼기 때
문이니, 부끄럽지만, 결말이 있을 것이다.

⑲ 九三, 频巽, 吝. (重風巽卦)

　구삼효는 빈번하게 공손한 것이니, 부끄럽다.

⑳ 初六, 濡其尾, 吝. (火水既济卦)

　초육효는 꼬리를 적셨으니, 부끄럽다.

　위 열아홉 괘에서 스무 번이나 '吝(인)'이 사용되었는데 심
의용은 '인색하다'라는 의미로 여덟 번 번역했고, '부끄럽다'
라는 의미로 열두 번을 번역했음을 알 수 있다. 과연, 바른 번
역일까?

　이 '吝(인)'을 우리 자전에서는 아끼다, 인색하다, 소중히 여
기다, 주저하다 등의 뜻이 있다고 풀이하고 있다. 중국어 사

전에서는 吝嗇(인색), 姓(성), 易經用字(역경에서 사용되는 글자), 현대한어사전(現代漢語詞典)에서는 '据(근거)'로 풀이한다고 기술되어 있다. 동시에 의역하여 '恥辱(치욕)'이란 의미로도 사용된다고 풀이하고 있다.

그리고 계사(繫辭) 상전(上傳) 제3장에서는 '회린'이란 것은 그 작은 허물을 말한 것(悔吝者言乎其小疵也)이라고 설명했다. 분명한 점이 있다면, 흉(凶), 회(悔), 불리(不利), 생(眚), 구(咎) 등처럼 부정적인 의미로 사용되었다는 점이고, 회(悔)와 가깝게 사용되는 점으로 보아 큰 허물이나 잘못은 아니라는 점이다. 그리고 계사(繫辭) 상전(上傳) 제3장에서 "회린을 걱정하는 것은 '본분'에 있고, 무구를 공경함은 '뉘우침'에 있다(憂悔吝者存乎介, 震无咎者存乎悔)"라고 한 점으로 미루어보아 회(悔)와 인(吝)은 마땅히 지켜야 할 직분에서 벗어난 언행을 했을 때 오는 결과라는 점이다.

그렇다면, 우리는 이 '吝(인)'을 어떻게 해석해야 할까? 솔직히 말해, 필자는 뉘우치고 후회하는 일보다 정도가 심한 것이거나 아니면 같거나 약한 것으로 판단하고서 스스로 ①크게 후회한다 ②(마음의 상태가) 인색하다 ③부끄럽다 등 세 가지로 해석했다. 지금 생각해 보니, 크게 틀리지는 않았으나 스스로 원망하고 한탄하게 하는 전 단계인 '부끄럽다'라거나 '자책하다' 등의 의미로 해석하면 적절하지 않을까 싶기도 하다.

-2021. 06. 09.

덕(德)이란 무엇일까

덕(德)이란 무엇일까? 사람들은 저마다 막연하게나마 덕의
개념을 인지하고, 덕이란 말을 쓰고 있으나 막상 그 '덕이 무
엇이냐?'라고 물으면 쉽게 대답하질 못한다. 나 역시 그러했
는데 주역(周易)을 공부하면서 '덕(德)'이란 단어가 효사(爻辭)와
상사(象辭)에서만 26회나 사용되어 적잖이 강조되었다는 사
실을 알았다. 효사에서는 5회 사용되었으나 나머지 21회는
상사에서 사용되었기에 괘상(卦象)을 살피고 효사를 읽는 데
에 공자가 덕을 중요시했다는 뜻으로 받아들여진다.

그렇다면, 과연, 덕이란 무엇인가? 선대(先代)가 이 덕에 대
해서 어떻게 인지했는지는 고대 문헌들을 참고할 필요가 있
다. 예컨대, 주역 외에도 시경(詩經), 서경(書經), 논어(論語), 대학
(大學), 맹자(孟子), 중용(中庸), 회남자(淮南子), 채근담(菜根譚) 등 적
지 아니한 문헌들에서 언급하는 덕의 개념을 확인해 볼 필요
는 있을 것이다. 그러나 현재 내가 공부하고 있는 주역을 중

심으로 그 개념을 밝히되 필요하다면 다른 문헌들도 참고해
볼 것이다.

① 《象》曰："见龙在田", 德施普也.

② 《象》曰："用九", 天德不可为首也.

③ 《象》曰：地势坤, 君子以厚德载物.

④ 《象》曰：山下出泉, 蒙；君子以果行育德.

⑤ 六三, 食旧德, 贞厉, 终吉；或从王事, 无成.

⑥ 《象》曰"食旧德", 从上吉也.

⑦ 《象》曰：风行天上, "小畜"；君子以懿文德.

⑧ 上九, 既雨既处, 尚德载；妇贞厉, 月几望；君子征凶.

⑨ 《象》曰："既雨既处", 德积载也；"君子征凶", 有所疑也.

⑩ 《象》曰：天地不交, "否"；君子以俭德辟难, 不可荣以禄.

⑪ 《象》曰："雷出地奋, 豫. 先王以作乐崇德, 殷荐之上帝, 以配
祖考.

⑫ 《象》曰："山下有风, 蛊；君子以振民育德.

⑬ 《象》曰："干父用誉", 承以德也.

⑭ 《象》曰：天在山中, 大畜；君子以多识前言往行, 以畜其德.

⑮ 《象》曰：水洊至, 习坎；君子以常德行, 习教事.

⑯ 九三, 不恒其德, 或承之羞, 贞吝.

⑰ 《象》曰："不恒其德", 无所容也.

⑱ 六五, 恒其德, 贞 ; 妇人吉, 夫子凶。

⑲《象》曰 : 明出地上, 晋 ; 君子以自昭明德。

⑳《象》曰 : "山上有水, 蹇 ; 君子以反身修德。

㉑ 九五, 有孚惠心, 勿问元吉 : 有孚惠我德。

㉒《象》曰 : "有孚惠心", 勿问之矣 ; 惠我德, 大得志也。

㉓《象》曰 : 泽上于天, 夬 ; 君子以施禄及下, 居德则忌。

㉔《象》曰 : 地中生木, 升 ; 君子以顺德, 积小以高大。

㉕《象》曰 : 山上有木, 渐 ; 君子以居贤德善俗。

㉖《象》曰 : 泽上有水, 节 ; 君子以制数度, 议德行。

주역에서 '德(덕)'이란 글자가 쓰인 문장을 모두 가려내었
다. 위 26개의 문장 어디에도 덕의 개념이 정리되어 있지는
않다. 그러나 몇 가지 관련 사항을 유추해 낼 수는 있을 것 같
다. 곧, 덕은 사람(我, 君子)에게만 있는 게 아니라 하늘(天)과
땅(地)에도 있고, 덕은 기르고(育), 닦고(修), 쌓는(畜) 것이며, 행
하는(行) 것이고, 또한, 밝히고(明), 숭상하는(崇) 것이며, 언제
나 있어야 하며(常, 恒, 居), 베푸는(施) 것이다. 그래서 도타운
덕(厚德)이 있고, 얇은 덕(薄德)이 있으며, 어진 덕(賢德)이 있고,
순한 덕(順德)도 있다. 또한, 옛 덕(舊德)이 있으면 현덕(現德)이
있고, 문덕(文德)이 있으면 검덕(儉德)도 있다.

주역에서는 하늘을 두고 강건(剛健)하고 크다(大)고 했으며, 땅을 두고는 순종(順從)하며 넓다(廣)고, 그 성품(性品)을 부여했다. 그렇듯, 사람에게는 어짊(仁)과 예절(禮)이 있다고도 했다. 물론, 이것은 공자의 시각이지만 剛健(강건), 順從(순종), 仁禮(인례)를 하늘, 땅, 사람의 '성품'으로 보았으며, 동시에 이를 '덕성(德性)'이라고도 했다. 하지만 덕이 무엇인지는 여전히 설명되지 않았다.

그렇다면, 여기서 나는 제한적이지만 몇 가지 시각에서 덕의 개념을 유추해낼 수밖에 없다고 생각한다. 첫째, 덕이란 것이 하늘, 땅, 사람 할 것 없이 다른 여타의 존재에게도 있다면, 덕이란 것은 그 존재를 그답게 하는 두드러진 성향, 특징, 고유성 등을 일컫지 않나 싶다. 둘째, 덕이란 것이 기르고, 쌓고, 밝히고, 계승하여 언제나 함께 머물러야 하는 것이라면, 덕은 자신과 타자에게 결코 해로운 것이 될 수 없다. 반드시 자신과 타자(他者)에게도 이로워야 한다. 셋째, 실천하고 베푸는 것이 덕이라면 직면한 상황에 맞게 말하고 행동하고, 상대방에게 필요한 무엇인가를 베풀어주는 행동이다. 이 세 가지 조건을 충족시키면서 덕을 풀어보자면 이렇게 간단히 줄여 말할 수 있을 것 같다. 곧, 덕이란 속에 있어 보이지 않는 착한 마음이 겉으로 드러나는 얼굴 모습으로부터 그 착한 마음을 근원으로 해서 정신적으로나 물질적으로 타인을 돕는, 불경(佛經)에서 말하는 보시(普施)까지이다. 여기서 착한 마음이란 타고난 성품으로 근본이 어질고, 자비로운 마음씨를 말한다. 부연하자면, 사람을 기준으로 말한다면, 타인의 눈에 편안한 얼굴 모습을 보이는 것도 덕이고, 자비로운 마음으로 말을 공손하게 하는 것도 덕이고, 자비로운 마음으로 배고픈 이에게 먹을 것을 베푸는 것도 역시 덕이다. 따라서 덕이란 자비이며, 관대함이며, 베풂이며, 이타적 사랑이며, 능력이라고 말할 수 있다.

그러면 여기서 다른 고문헌에서는 이 덕을 어떻게 설명하고 있는지 잠시 살펴보자.

ⓐ 大學之道, 在明明德, 在親民, 在止於至善. : 大學 經一

ⓑ 德不孤必有隣 : 論語 里仁

ⓒ 德輶如毛, 民鮮克擧之. : 詩經 大雅 烝民

ⓓ 德者本也, 財者末也. 外本內末, 爭民施奪. : 大學 傳十

ⓔ 德者事業之基, 未有基不固而棟宇堅久者 : 菜根譚 百五十八

ⓕ 免人之死, 解人之難, 救人之患, 濟人之急者, 德也. : 六韜 文韜

ⓖ 富潤屋, 德潤身, 心廣體胖. : 大學 傳六

ⓗ 不責人小過, 不發人陰私, 不念人舊惡, 三者可以養德, 亦可以
　　遠害. : 論語 公冶長

ⓘ 中庸之爲德也, 其至矣乎 : 論語 雍也

ⓙ 孝德之始也, 悌德之序也, 信德之厚也, 忠德之正也. : 孔子家
　　語 弟子行

ⓚ 忠德之正也, 信德之固也, 卑讓德之基也 : 春秋左氏傳 文公元
　　年

　　인용한 위 11개의 문장 외에도 많지만 위 예문에서만 보
면, 덕이 무엇인지 모르지만, 큰 배움의 목적도 밝은 덕을 밝
힘에 있고, 덕은 사람의 근본이며, 사업의 기초이고, 사람의
몸을 윤택하게(빛나게) 하는 것이라고 했다. 그리고 덕이 있
는 사람은 사람이 끊기에 외롭지 않으나 그 덕을 실행하기
란 쉽지 않다고도 했다. 그렇다면, 덕이란 것은 무엇을 두고
하는 말일까? 효도가 덕의 시작이고, 공경이 덕의 실마리이
며, 믿음이 덕의 지극함이자 곧음이고, 충성은 덕의 바름이
며, 겸손은 덕의 기초라고 했다. 그러니까, 효도·공경·믿음·
충성·겸양 등이 덕을 이루는 중요한 요소가 되며, 이것들이
곧 중용이라는 논리이다. 그러면서 작은 과실의 책임을 묻지
않고, 타인의 사적인 비밀을 발설하지 않으며, 과거의 옛 잘
못을 생각하지 않는 것이 덕을 기르고 해(害)를 멀리하는 일이

라고도 했다. 이쯤 되면, 옛사람들이 말하는 덕이란 역시 사람과 사람 사이의 관계에 초점을 맞추고 있으며, 그 관계에서 자타를 이롭게 하는 실천적 마음가짐과 행위라고 말할 수 있다. 그 마음가짐과 행위에는 자비와 어짊이라고 하는 착한 마음씨가 바탕이 되며, 자신에게는 책임이 따르나 타인에게는 언제나 관대해야 한다. 이것이 바로 덕이다.

-2021. 05. 08.

'겸손(謙遜)'이란 덕목에 관하여

나는 일찍이 성경과 코란과 불경(佛經) 속에서 문장으로써 반영되어 나타난 예수, 무함마드, 부처 등 세 성인(聖人)의 겸손에 관하여 글을 쓴 적이 있다. 『경전분석을 통해서 본 예수교의 실상과 허상』이라는 필자의 책 속 「겸손에 대하여」라는 글이 그것이다. 나는 그 글의 서두에서 겸손이라는 덕목을 이렇게 풀었었다.

자기 자신을 낮추고, 남을 높이는 태도를 겸손이라 한다. 자기를 낮춘다는 것은 자신의 능력이나 공덕{功德:원래는 산스크리트 구나(Guna)를 번역한 말로서 불교에서 많이 쓰는 말인데, 여기서는 남을 위해서 착한 마음을 내어 행동으로 옮긴 일들의 합(合)이라는 의미로 보면 좋다} 등 자신의 모든 것을 내세워 자랑하지 않는 태도이고, 남을 높인다는 것은 남의 능력이나 공덕 등 모든 것을 높거나 귀하게 평가해줌으로써 칭찬하는 태도로부터 잘못이나 부족한 것에 대해서조차도 이해해 주려는 너그러운 마음의 발현까지를 일컬을 것이다. 그래서 겸손은 남보다 자신을 낮추는 태도이며, 동시에 인자함과 자비로 통하는 것이며, 불쌍히 여겨서 돌보아 주는 긍휼(矜恤)과 이 모든 것을 실천에 옮기기까지 수반되는 인내(忍耐)로 통하는 것이다. 통한다는 것은 서로 관련되어 있다는 뜻이다.

  그런데 뒤늦게 공부하고 있는 '주역(周易)'에서도 이 겸손을 아주 많이 강조하는데 퍽 재미있다. 주역 속 열다섯 번째 괘인 지산겸괘(地山謙卦)의 ①단사(彖辭)와 ②대상사(大象辭)에 이런 언급이 있다. 물론, 쉰일곱 번째 괘인 중풍손괘(重風巽卦)에서도 이 겸손의 덕목이 언급되기는 하지만 그 빛깔이 조금 다르기에 여기서는 지산겸괘의 겸손을 가지고 말하고자 한다. 우선, 지산겸괘의 단사(彖辭)와 대상사(大象辭)를 읽어보자.

① 彖曰 謙亨 天道下濟而光明 地道卑而上行. 天道虧盈而益謙 地道變盈而流謙 鬼神害盈而福謙 人道惡盈而好謙. 謙尊而光 卑而不可踰. 君子之終也.

⇒ 「단」에서 말했다. '지산겸괘가 형통하다' 함은, 천도가 아래로 내려가고 밝게 빛나며, 지도는 낮으나 위로 올라감이다. 천도가 가득 찬 것을 기울여 겸손에 보태주고, 지도가 가득 찬 것을 변화시켜서 겸손에 흐르게 하고, 귀신이 가득 찬 것을 해치어 겸

손을 복되게 하며, 인도는 가득 찬 것을 싫어하고 겸손을 좋아한다. 겸손은 (타인을) 높이어서 빛나고, (자신을) 낮추나 뛰어넘을 수 없기에 군자의 끝마침 (곧 완성)이다.

② 象曰 地中有山謙. 君子以裒多益寡 稱物平施.

⇒ 「상」에서 말했다. 땅속에 산이 있음이 겸괘이니, 군자는 이로써 보고 깨달아, 많은 쪽에서 덜어서 적은 쪽에 더해주고, 물질을 달아서 고르게 베풀라.

이 구절을 읽으면서 나는 여러 가지 생각을 했고, 또 여러 차례 웃었다. 급기야 이런 글도 쓰게 되나 독자에게 어떠한 면에서든 도움이 되기를 바랄 뿐이다. 꽉 찬 상태를 '盈(영)'으로 표현했는데 이 盈(영)은 차다, 가득하다, 충만하다, 불어나다, 증가하다 등 여러 가지 뜻이 있다. 이것의 반대말은 '虛(허)'이다. 그릇[皿]에 채워지는 것과 비워지는 것으로는 여러 가지가 있을 수 있다. 사람들이 좋아하는 물품(物品)과 돈[錢]일 수도 있고, 사람의 기술과 능력일 수도 있고, 이것들로써 공익에 보탬이 되는 공(功)도 있다. 분명한 사실은 그것이 무엇이든지 간에 자기 그릇에 가득 채우고자 한다는 점이다.

그래서 우리 인간은 부단히 노력하고 경쟁하며 산다.

그런데 우리는 사람을 포함하여 가득 찬 것을 보면, 시샘하고 부러워하면서도 미워하기도 한다. 그래서 가까이하기에는 부담스럽게 느끼기도 한다. 또, 꽉 찬 사람은 꽉 차지 않은 사람을 경시하거나 업신여기는 교만(驕慢)을 부리는 경향이 없지 않다. 비극은 이런 관계에서부터 시작된다. 인간 사회 조직 내에서 문제를 해결할 실력으로 꽉 찬 사람은 요긴할 때는 좋은 대접을 받으며 쓰이나 조직 내 문제가 해결되고 그 쓰임새가 떨어지면 의외로 푸대접을 받거나 좌천(左遷) 혹은 퇴출(退出)될 가능성이 커진다. 꽉 차지 못한 경쟁자들이 미워하기 때문이다.

단사(彖辭)에서 보다시피, 공자는 꽉 찬 것을 미워하는, 인간과 하늘과 땅과 귀신 등을 앞세워서 겸손해야 하는 이유를 설명했는데, 인간은 그것을 미워하고, 하늘은 그것을 일그러뜨리고, 땅은 그것을 변화시키고, 귀신은 그것을 해친다고까지 했다. 물론, 이 말에 관해서는 판단이 전혀 다를 수도 있다. 내가 웃음을 참지 못한 것도 바로 이 때문이다. 사람에게는 아전인수 격으로 자연 현상을 해석하는 경향이 있으나 그 해석이 반드시 옳다고는 볼 수 없다.

여하튼, 겸손은 물처럼 낮은 데로 임하지만 아무나 쉽게 실천할 수는 없기에 뛰어넘을 수 없는, 위대하고도 빛이 나는 것임에는 분명하다. 그러나 공자께서는 그것의 본질을 잘 드러내 놓지는 못했다. 다만, '땅속에 있는 산'이라는 비유어[괘상(卦象)의 상징적 의미임]를 통해서 '자신을 드러내지 않고 숨김이라'고 간접적으로 시사해 주고는 있다. 모름지기, 산(山)이란 지표면에서 솟아있음으로써 자신의 모양새를 통한 위용을 만천하에 드러내야 하는데 그렇지 않고 땅속으로 들어가 낮은 곳에 있음으로써 자신의 존재감을 한껏 낮추고 숨기었었다는 의미로 해석되기 때문이다.

더욱 흥미로운 점은, 대상사(大象辭)에서 보듯이, 군자(君子 → 오늘날의 리더)는 많은 것(곳)에서 덜어내어 적은 것(곳)에 보태어주고, 물품을 저울로 재어서 공평하게 베풀어야 한다는 것이다. 이른바, 겸손을 실천하는 방법이 제시된 셈이다. 다시 말해서, 자신을 낮추는 태도로부터 자신의 것을 공평하게 나누어 주는 것까지를 겸손으로 보았음을 알 수 있다. 결국, 자신을 낮춤으로써 상대방을 높이고, 자신의 것을 타인에게 공평하게 베푸는, 불교에서 말하는 보시(普施)까지가 겸손이라는 뜻이다.

그러므로 겸손을 실천하기란 결코 쉬운 일이 아니며, 쉬운 일이 아니기에 더욱 빛나고 훌륭한 것이다. 진정으로 겸손하면 그 속에는 부처의 자비가 있고, 예수의 긍휼(矜恤)이 있게 마련이다. 그것에 인자함이 있고 자비가 머무는데 어찌 말을 거칠게 하며 행동을 포악하게 하겠는가.

-2021. 03. 04.

주역(周易)에서 '중도(中道)'란 무엇인가

    주역에서 '중도(中道)'라는 단어가 적잖이 쓰였는데 주로 공자의 단사(象辭)와 상사(象辭)에서이다. 괘사(卦辭)와 효사(爻辭)에서는 거의 쓰이지 않았다. 이 말은 결국, 괘사와 효사를 설명하기 위해서 공자가 개인적으로 즐겨 사용했다는 뜻이다. 그렇다면, 공자는 무슨 의미로 이 단어를 썼을까? 주역 본문 속 전부는 아니라도 그 몇을 확인해 보자.

① 象曰 幹母之蠱 得中道也 : 산풍고괘(山風蠱卦) 구이효사(九二爻辭)에 대한 상사(象辭)

② 象曰 黃離元吉 得中道也 : 중화리괘(重火離卦) 육이효사(六二爻辭)에 대한 상사(象辭)

③ 象曰 九二元吉 得中道也 : 뇌수해괘(雷水解卦) 구이효사(九二爻辭)에 대한 상사(象辭)

④ 象曰 有戎勿恤 得中道也 : 택천쾌괘(澤天夬卦) 구이효사(九二

爻辭)에 대한 상사(象辭)

　위 예문들에서 보듯이, '~한 것은 중도(中道)를 얻음'이라고
말하고 있다. 그러나 주역 어디에서도 이 중도가 무엇인지는
구체적으로 설명하지 않는다. 그러나 한 가지 단서(端緖)는 있
다. 그것은 위 예문에서 보듯이 주로 이효(二爻)와 오효(五爻)에
국한된다는 사실이다. 대체로, '중도(中道)'라는 단어보다는
'중정(中正)' 혹은 '정중(正中)' 또는 '중(中)' 등으로 함께 쓰이고
있는데 그 몇 개의 예문을 더 확인해 보자.

　① 剛來而得中也 : 천수송괘(天水訟卦) 단사(象辭) 중에서.

　② 象日 酒食貞吉 以中正也 : 수천수괘(水天需卦) 구오효사(九五
　　爻辭)에 대한 상사(象辭)

　③ 文明以健 中正而應 君子正也 : 천화동인괘(天火同人卦) 단사
　　(象辭) 중에서

　④ 象日 大君之宜 行中之謂也 : 지택림괘(地澤臨卦) 육오효사
　　(六五爻辭)에 대한 상사(象辭)

　⑤ 六四, 中行獨復 : 지뢰복괘(地雷復卦) 육사효사(六四爻辭)

　⑥ 象日 顯比之吉 位正中也 : 수지비괘(水地比卦) 구오효사(九五

爻辭)에 대한 상사(象辭)

　위 예문들에서 보듯이, '중도를 얻음으로써', 혹은 '중도와 바름으로써', '중도를 행하여', '바른 위치에서 중도로써' 등의 뜻으로 문제의 '중도(中道)'라는 단어가 쓰이고 있다. 하지만 주역 그 어디에서도 이 키워드를 설명해 주지 않기에 스스로 풀어야 한다.

　그렇다면, 공자에게 묻는 것이 가장 빠른 방법이긴 하나 그럴 수 없기에 그 있다는 단서 하나와 이 키워드가 사용된 전체적인 문장의 문맥으로써 유추 판단해내야만 한다. 곧, 중도(中道)는 이효(二爻)와 오효(五爻)에 해당하나 아주 드물게 예외적으로, 위 예문에서 보듯이, 그 외의 효에서도 있긴 있다. 그러나 왜 이효와 오효에 국한되어 나타나는지를 먼저 이해할 필요가 있다. 중도의 본질을 이해하는 중요한 접근로이기에 그러하다.

　64개의 괘(卦)는 세 개의 효로 된 팔괘(八卦)가 조합되어 만들어졌는데 팔괘의 세 개 효는 위로부터 천(天)·인(人)·지(地)를 각각 상징하였다. 그래서 인(人)을 상징한 가운데 효는 위[上]

도 아니고 아래[下]도 아닌 중간[中] 위치에 있다. 이런 구조로 된 삼효(三爻) 단괘(單卦)가 두 개씩 합쳐져서 이루어진 육효(六爻) 중괘(重卦)에서는 자연스럽게 이효(二爻)와 오효(五爻)가 인(人)을 상징하는 자리가 되기에 이들을 두고 중도를 얻었다[得中]고 말하는 것이다. 이런 이유로, 이효와 오효의 자리를 음효(陰爻)가 차지했으면 '유중(柔中)'이라고 하고, 양효(陽爻)가 차지했으면 '강중(剛中)'이라는 말을 공자가 썼다. 문제는 효사(爻辭)를 이해하는 데에, 바꿔 말하면, 육효(六爻) 간의 관계를 읽어 내는 데에 득중(得中)한 효가 양효이냐 음효이냐에 따라서, 그리고 그 효와 위아래로 이웃한 효들과의 관계[親比], 그리고 그들 효와 짝이 되는 효와의 관계[呼應] 등이 어떻게 설정되느냐에 따라서 효사의 내용을 읽어 내는 데에 참고가 되고 고려된다는 점이다. 물론, 이것 말고도 상괘(上卦)와 하괘(下卦)의 음양(陰陽) 관계도 중요한 변수가 된다. 그래서 공자는 강(剛)이 아래로 내려왔다거나 유(柔)가 위로 올라갔다는 식의 표현을 통해서 효 간의 관계를 따졌고, 상괘와 하괘의 관계를 따져서 효사를 읽으며 설명해 주고 있다.

자, 그렇다면 이효와 오효 중심의 득중(得中)한 효들에 대해서 효사를 붙인 주공은 실제로 어떤 의미를 부여했을까? 앞서 예로 든 예문을 중심으로 한 번 살펴보자.

ⓐ 산풍고괘 구이효사 : 幹母之蠱 不可貞 : 어머니의 좋지 않은 일을 주관함이니 곧으면 옳지 않다.

ⓑ 중화리괘 육이효사 : 黃離元吉 : 황색*에 붙어 의지하니 크게 길하다. *황색은 오방(五方) 가운데 정중앙으로 그 중심을 뜻한다.

ⓒ 뇌수해괘 구이효사 : 田獲三狐得黃矢 貞吉 : 세 개의 화살로써 세 마리 여우를 잡으니 바르고 길하다.

ⓓ 택천쾌괘 구이효사 : 惕號莫夜有戎 勿恤 : 늦은 밤에 적이 있어 놀라 소리침이니 걱정하지 말라.

괘(卦)는 모두에게 똑같이 주어지는 시대적 운명 같은, 천지자연의 조화가 부리는, 그래서 어쩔 수 없이 받아들여야 하는 상황이다. 蠱·離·解·夬 등의 이름이 붙여진, 이들 괘가 각각 적폐(積弊)·의지(依持)·해방(解放)·결단(決斷)을 요구하는, 주어진 현실적인 상황으로 간주한다면, 이러한 상황 속에서 조금씩 다른 위치와 다른 여건에 놓여 있는 효(爻)를 사람의 무리[각각의 爻]로 여기고서 그 해결책을 나름대로 제시해 놓은 것이 효사(爻辭)라고 나는 판단한다. 이 같은 사실을 전제하고서 예문으로 든 위 효사를 살펴보면, 대체로 중도를 얻었다는 효는 좋은 결과를 낳는다. 길하고, 크게 길하며, 다소 어렵거나 불리한 국면에 처해도 걱정하지 않아도 되는 정도이다. 왜 그럴까? 역시 중도를 얻었기 때문이라고 말하지만, 그 중도가 구체적으로 무엇인지는 설명되지 않는다. 다만, 중도를 얻는다는 것은 문제 해결의 중요한 조건으로 중요한 키를 갖는다는 점이다.

다시, 그렇다면 중도가 바르게(正) 행사되었을 때 특히 길하다고 한 점으로 미루어보면, 그 속성이 '정(正)'과 밀접한 관계가 있어 보이며, 또한 '정(貞)'과도 무관하지 않음을 유추해 낼 수 있다. 그렇다고, 정(正)과 정(貞)에 대하여 개념 정리를 먼저 명쾌하게 하고서 쓰는 것도 아니다. 결과적으로, 상식적 수준에서 정(正)이고 정(貞)일 뿐이다. 그래서 주역을 공부했다는 사람들은 한결같이 정(正)을 '바름'으로 해석하고, 무엇이 바름인지는 역시 설명하지 않지만, 정(貞)을 '바름', '올바름', '곧음' 등으로 설명한다. 대개, 정(貞)을 정(正)과 같거나 유사하게 해석한다는 뜻이다. 하지만 글자가 다르듯이 의미 차이가 있어야 한다고 믿는다. 그렇지 않고서야 같은 의미로 다른 글자를 애써 같은 자리에서 함께 쓰겠는가. 이 점에 관하여 내 생각은, 정(正)은 질적 개념으로서 '바름'이고, 정(貞)은 정(正)을 추구하거나 행하는 자세로서 태도를 말함인데 그 뜻과 의지를 굽히지 않음이다. 그래서 '곧다'라는 의미를 띤다고 본다.

　그러므로 주역(周易)에서 말하는 중도(中道)는, 하늘과 땅의 중간에 있는 인간의 도(道)이며, 그것은 지나치게 높지도 않고 낮지도 않은 중간 지점이다. 그렇듯이, 지나치게 많지도 않고 부족하지도 않은 자리이며, 멀지도 않고 가깝지도 않은 길로서 중간이다. 동시에 '올바름(正)'을 근본으로 삼고 있다. 그런데 이 올바름은 언제나 고정불변의 절대적인 것이 아니며, 주어지는 상황에 따라서 결정되는 최선의 것으로서의 '시의성(時宜性)'을 띤다는 점이다. 쉽게 말해서, 정(正)이 절대적인 것이 아니라 상대적이라는 점이다. 괘의 예를 들어서 말해보자면, 지화명이괘(地火明夷卦)에서 밝음[明:眞理, 能力]이 땅속[地中]으로 들어가 제구실을 제대로 수행하지 못하고 숨듯이, 인간사회의 상황에 따라서 자신의 진실이나 능력을 숨기는 것이 곧 지혜이며 정당한 처세술이라고 말해지는 경우를 들 수 있다. 그만큼 주역은 자연의 현상이나 이치를 통해서 인간이 어떻게 무엇을 실천해야 하는지를 설명하는 기능이 크기 때문에 매우 현실적이다. 이러한 맥락에서 주역의 중도(中道)도 해석되어야 한다고 본다. 그렇다면, 중도란 양적으로는 부족하거나 지나치지 않음이며, 질적으로는 주어지는 상황에 맞는 올바름을 판단하고 지키고 실천하는 것이라고 줄여 말할 수 있을 것 같다.

사실, 불경(佛經)에서도 이 '중도(中道)'라는 단어는 굉장히 중요한 키워드 가운데 하나인데 다소(多少)·고저(高低)·원근(遠近) 등의 일차원적인 양적 개념에서 양극단을 배제하는 것으로써 출발하였으나 나중에는 중요한 철학적 개념으로 덧씌워지고 있음을 확인할 수 있다. 물론, 주역에서는 아무런 설명 없이 중도라는 말이 많이 쓰이고 있으나 양극단을 배제하고, 주어진 상황에 따라 바르게 행함을 말하는데 그 바름이 앞서 얘기했듯이 명료하지 않고 시의성에 의해서 결정된다는 점이다.

그렇다면, 이런 '중도는 인간사회에서 어떻게 반영되고 투사되어 그 무엇으로 나타나는가?'를 생각해 볼 필요가 있다. 사실, 이 문제에 관해서는 그리 어렵지 않게 답을 찾을 수가 있다. 그것은 공자가 64괘 괘상(卦象)의 이치를 보고서 사람[대개는 君子이지만 后, 上, 先王 등도 포함됨]에게 요구한 실천적인 덕목들을 뽑아내면 일목요연(一目瞭然)해지리라 본다. 그 덕목들 속에 공자가 생각하는 '바름'이 있고 '중도'가 전제 반영되었기 때문이다. 그 덕목들을 정리하여 별도로 제시하겠지만 주역 64개의 괘·효사에 직간접으로 반영된 내용과 함께 이것을 전제한다면, 이렇게 줄여 말할 수 있을 것 같다. 곧, 주역의 중도란 하늘의 뜻[天道]을 바르게 읽고, 그에 맞추어서 순종(順從)해야 할 때는 부드럽게 순종하고, 리더십을 발휘해야 할 때는 강력하게 발휘하며, 이웃과는 친밀한 관계를 유지 발전시키고, 필요하다면 능력 있는 사람[候, 丈人, 大人, 聖人 등]을 통솔하며, 집안에서는 가족과 호응하는 좋은 관계이어야 하며, 언제나 자기 위상을 자각하고 겸손해야 하며, 매사에 최선을 다하는, 그러니까, 지극한 정성(精誠)과 지극한 노력을 기울이는 것이 '바름[正]'이라고 요약될 수 있다.

-2021. 03. 20.

※ 주역에서 말하는 「中道」에 관하여 2023년도에 보완된 글이 필자의 저서 『解周易』(pp. 31~34)에 실려있다.

周易(주역)에서 말하는 君子(군자) 실천 덕목 64가지

주역(周易)의 64괘 대상사(大象辭)를 통해서
공자(孔子)가 군자(君子)에게 요구한 실천 덕목(德目) 64가지를 정리하다

'대상사(大象辭)'라고 하면 효(爻)마다 붙어있는 상사(象辭)와 구분해서 쓰는 말인데, 공자(孔子)가 괘상(卦象)을 보고서 깨달아 군자(君子)를 비롯한 사회 지도층 인사들에게 실천하라고 요구한 덕목(德目)이다. 그런데 괘상(卦象)이 예순네 가지가 있으므로 공자가 요구한 그 실천적 덕목 또한 예순네 가지가 된다. 바로 그것을 정리한 것이 아래에 도식한 [군자(君子) 실천 덕목 일람표]이다.

이를 자세히 보면 알 수 있겠지만, 공자는 군자(君子)에게 쉰 세 가지를, 선왕(先王)에게 여섯 가지를, 후(后)에게 세 가지를, 그리고 대인(大人)과 상(上)에게 각각 한 가지씩의 덕목을 제시하였다. 문제는, 군자(君子)·선왕(先王)·후(后)·대인(大人)·상(上) 등의 신분이 구분되겠지만 중요한 것은 군자를 비롯하여 그 주변 인물들이라는 점이고, 군자는 국가의 통치자라는 사

234

실이다. 물론, 오늘날 조직이나 단체의 리더까지 확대해석해 볼 수도 있겠으나 그 내용을 보면 국가통수권(國家統帥權)을 가진 자임을 확인할 수 있다.

예순네 가지의 덕목들을 일별하면 대략 이렇게 요약 정리할 수 있을 것 같다.

첫째는, 백성의 생명과 재산을 보호하는 일이다. 곧, 책력을 만들어 때에 맞추어 일하도록 하고, 빈곤한 사람들을 위해 공평하게 분배하고, 어지간하면 포용하고 관대하게 대하되 거리를 둔다.

둘째는, 백성을 가르치고 교화시켜 아름다운 풍속을 가꾸어가는 일이다. 곧, 종묘와 사당을 지어서 천제(天帝)와 조상에게 제사를 지내고 예절과 단합을 도모한다.

셋째는, 나라의 사법제도(獄事)를 만들고 정비하여 권선징악(勸善懲惡)을 게을리하지 않는다.

넷째는, 재난과 환난을 대비하여 병기를 정비하고, 재물을 비축하며, 외교적 노력을 기울인다.

다섯째는, 문명(文明)을 발전시켜 나가고, 국가의 대사(大事) 계획을 짜임새 있게 잘 세우며, 과감하게 추진한다.

여섯째는, 덕(德)을 쌓고, 언행(言行)을 신중히 하며, 겸손(謙遜)하며, 검소한 생활을 하는 등 개인적 수신(修身)을 솔선수

범해서 보여야 하며, 명령(命令)이 바로 서도록 권위를 지켜야
한다.

이것이 공자가 주역을 통해서 군자에게 제시한 국가 통치
기술인 셈이다. 나는 이것을 잠시 새기면서 공자가 매우 현
실적인 사람이면서 정치 지향적 인물이라는 생각을 했다.

[군자(君子) 실천 덕목 일람표]

괘명	신분	실천덕목	우리말 해석
重天乾	君子	自彊不息	스스로 강해지도록쉬지 않고 노력하라
重地坤	君子	厚德載物	덕을 두텁게 쌓고 재물을 쌓아 베풀라
水雷屯	君子	經綸	경륜 곧 포부를 가지고 대사를 짜임새 있게 계획하라
山水蒙	君子	果行育德	실속 있게 행하고 덕을 길러라
水天需	君子	飮食宴樂	먹고 마시며 잔치를 즐겨라
天水訟	君子	作事謀始	일할 때는 시작을 잘 꾀하라
地水師	君子	容民畜衆	백성을 포용하고 군사를 길러라
水地比	先王	建萬國 親諸侯	만국을 건설하고, 제후들과 친밀하라

괘명	신분	실천덕목	우리말 해석
風天小畜	君子	懿文德	문덕을 키워라
天澤履	君子	辨上下 定民志	위아래를 분별하고, 백성의 뜻을 결정하라
地天泰	后	財成天地之道 輔相天地之宜 以左右民	천지의 도를 마름질하여 갖추고, 천지의 마땅함으로 보조하여 이로써 백성을 돕고 도우라
天地否	君子	儉德辟難 不可榮以祿	녹봉으로 영화로운 생활이 불가하므로 검소한 생활로 어려움을 피하라
天火同人	君子	類族辨物	종족을 분류하고, 만물을 분류하라
火天大有	君子	遏惡揚善 順天休命	하늘의 명을 받들어 하늘에 순종하며, 악을 막고 선을 드날리라
地山謙	君子	裒多益寡 稱物平施	많은 쪽에서 덜어서 적은 쪽에 더해주고, 물질을 저울에 달아서 고르게 베풀라
雷地豫	先王	作樂崇德 殷薦之上帝 以配祖考	예악을 지어 덕을 숭상하며, 상제께 제사 올리고, 이로써 조상께 배향하라
澤雷隨	君子	嚮晦入宴息	어두워지면 침실로 들어가 쉬라
山風蠱	君子	振民育德	백성을 떨쳐 일어나게 하고, 덕을 기르라
地澤臨	君子	敎思無窮容保民無疆	가르치고 생각함에 끝이 없어야 하고, 백성을 포용하고 보호하는 일에 경계가 없이하라
風地觀	先王	省方觀民設敎	장소를 물색하고, 백성을 살피어, 교육시설을 설치하라

괘명	신분	실천덕목	우리말 해석
火雷噬嗑	先王	明罰勅法	법을 제정하여 죄를 밝히라
山火賁	君子	明庶政無敢折獄	여러 가지 정사를 밝히고, 함부로 옥사를 판단하지 말라
山地剝	上	厚下安宅	아래를 두텁게 해서 택지를 안정시켜라
地雷復	后	不省方	동짓날에는 문을 닫아 행상객이 다니지 않게 하고, 군주는 나라를 순시하지 말라
天雷无妄	先王	茂對時育萬物	때를 맞추려고 애쓰고, 만물을 길러라
山天大畜	君子	多識前言往行以畜其德	앞서 한 말과 앞서 취한 행동 (선현의 언행)을 많이 알고, 이로써 그 덕을 길러 쌓으라
山雷頤	君子	慎言語節飲食	말을 신중히 하고, 먹고 마심을 절제하라
澤風大過	君子	獨立不懼 遯世無悶	홀로 있어도 두려워하지 말고, 세상을 등져도 고민하지 말라
重水坎	君子	常德行習敎事	항시 덕을 행하고, 가르치는 일을 거듭하라
重火離	大人	繼明照于四方	밝음을 계승하여 사방을 비추어라
澤山咸	君子	虛受人	빈 곳으로 사람을 받아들이라
雷風恒	君子	立不易方	(뜻을) 세웠으면 방법 방향 등을 바꾸지 말라(관철하라)

괘명	신분	실천덕목	우리말 해석
天山遯	君子	遠小人不惡而嚴	소인을 멀리하되 미워하지 말고 엄격히 대하라
雷天大壯	君子	非禮弗履	예절이 아니면 행하지 말라
火地晉	君子	自昭明德	스스로 비추어 덕을 밝히라
地火明夷	君子	莅衆用晦而明	군중 앞에서는 어둠을 이용하여 밝음을 드러내라
風火家人	君子	言有物而行有恒	말에는 실체가 있어야 하고, 행함에는 항상됨이 있어야 한다
火澤睽	君子	同而異	함께하되 달라야 한다
水山蹇	君子	反身修德	몸을 돌이키어 덕을 닦으라
雷水解	君子	赦過宥罪	과실을 사면하고, 죄를 용서하라
山澤損	君子	懲忿窒欲	분노를 그치고, 욕망을 멈추어라
風雷益	君子	見善則遷 有過則改	착함을 보는 즉 따르고, 잘못이 있는 즉 고쳐라
澤天夬	君子	施祿及下 居德則忌	녹봉을 베풀어 아래에 미치도록 하고, 경계해야 할 것을 본복으로 삼아서 덕을 실천하라
天風姤	后	施命誥四方	명을 펴서 사방에 알려라

괘명	신분	실천덕목	우리말 해석
澤地萃	君子	除戎器戒不虞	병기를 손질하고, 편안함을 경계하라
地風升	君子	順德積小以高大	덕을 좇되 작은 것을 쌓음으로써 높고 크게 하라
澤水困	君子	致命遂志	천명을 받들어 뜻을 완수하라
水風井	君子	勞民勸相	백성에게 일하도록 서로에게 권면하라
澤火革	君子	治曆明時	역사를 배워 때를 밝히라 (책력을 익히어 때의 마땅함을 밝히라)
火風鼎	君子	正位凝命	자리를 바르게 하고, 명령이 이루어지게 하라
重雷震	君子	恐懼脩省	두려운 마음으로 자신을 반성하며 닦으라
重山艮	君子	思不出其位	자신의 자리에서 벗어나지 않음을 생각하라
風山漸	君子	居賢德善俗	어진 덕에 머물러 풍속을 다스리라
雷澤歸妹	君子	永終知敝	끝까지 영원해야 하는데 깨어짐을 알라
雷火豐	君子	折獄致刑	옥사를 결단하여 형벌을 집행하라
火山旅	君子	明愼用刑而不留獄	형벌을 공명정대하고 신중하게 쓰되, 옥사를 미루지 말라

괘명	신분	실천덕목	우리말 해석
重風巽	君子	申命行事	거듭하여 명을 내리고 일하라
重澤兌	君子	朋友講習	벗들이 배우고 익히도록 지도하라
風水渙	先王	享于帝立廟	천제께 제사지낼 종묘를 세우라
水澤節	君子	制數度議德行	도수를 제정하고, 덕행을 논의하라
風澤中孚	君子	議獄緩死	옥사를 의논하여 사형을 완화하라
雷山小過	君子	行過乎恭 喪過乎哀 用過乎險	행함에는 공손을 과도하게 하고, 상례를 표함에는 슬픔을 과도하게 하고, 씀씀이에는 검소함을 과도하게 하라
水火旣濟	君子	思患而豫防之	환난을 생각하여 미리미리 막으라
火水未濟	君子	愼辨物居方	만물을 신중히 구별하고, 반듯하게 머물라

이시환 작성 ⓒ 2021.04.06.

-2021. 04. 06.

부처의 '중도(中道)'에 관하여

불경(佛經) 속에서 '무위(無爲)의 도'를 강조했듯이, '중도(中道)'를 아주 많이 강조했다면 놀라운 일이 아닐 수 없다. 나는 『중아함경』을 읽으면서 처음으로 이 '중도'라는 용어를 접했었는데 그때는 그저 고개만 갸우뚱하고 말았었다. 그런데 적지 아니한 경문들을 읽으면서 이 중도가 너무 많이, 그리고 너무 중요하게 강조되고 있음을 알았다. 이 중도에서 파생된 중도관(中道觀), 중도법(中道法), 중도행(中道行), 중도일미(中道一味), 중도제일의제(中道第一義諦), 무이중도(無二中道), 중도실상(中道實相), 중도일실(中道一實), 중도불과(中道佛果), 중도지(中道智), 중도과(中道果) 등 일련의 용어들이 잘 말해 주리라 본다.

그렇다면, 불경에서 말하는 중도란 무엇일까? 이 중도를 직간접으로 설명하는 경이 너무 많아서 이들을 꿰뚫어 보기가 쉽지 않아 중도를 이해하려면 상당한 시일이 소요된다. 나는 「문수사리문경」을 읽으면서 이 중도 문제를 따져봐야

겠다고 처음 생각했고, 그 후로부터 매일 관련 경문을 탐독하며 명상 삼매에 돌입해야만 했다.

  도대체, 중도가 무엇이기에 중도에 머물고[경률이상, 대지도론, 불퇴전법륜경], 중도를 행(行)하며[대방등대집경, 대지도론, 보살선계경, 십주비바사론], 중도가 중생의 불성(佛性)이 되며[대반열반경], 중도를 초월하기도 한단 말인가[어제비장전]? 도대체, 중도가 무엇이기에 중도를 통해서 지혜를 이루며[대방등다라니경, 보살영락본업경], 선정[定]을 성취하여 자재함을 얻고, 아뇩다라삼먁삼보리를 증득하여[과거현재인과경, 중아함경] 열반에 이르며[마하반야초경, 미사색부화혜오분율, 출요경], 마침내 부처님 자리에 오르게 되는가[도행반야경]? 도대체, 중도가 무엇이기에 정법(正法)이라 하며[마하반야초경], 우주 만상의 참 성품인 본체계(本體界)라 하는가[대방광불화엄경]? 도대체, 중도가 무엇이기에 진실하고 바른 관[眞實正觀]이라고 하는가[대보적경]? 가능한 범위 내에서 따져보고자 한다.

1) 「중아함경」에서의 중도 : 팔정도

①여러분, 능히 마음을 머무르게 하고 정(定)을 얻고 즐거움을 얻게 하며, 법을 따르고 법을 이어받게 하며, 신통을 얻고 깨달음을 얻게 하며, 또한 열반을 얻게 하는 중도(中道)가 있습니다. 여러분, 능히 마음을 머무르게 하고 정을 얻고 즐거움을 얻게 하며, 법을 따르고 법을 이어받게 하며, 신통을 얻고 깨달음을 얻게 하며, 또한 열반을 얻게 하는 중도란 무엇인가? 여러분, 염욕(念欲)은 나쁘고, 악한 염욕도 또한 나쁩니다. 중도는 염욕을 끊고 악한 염욕도 또한 끊는 것입니다. 이렇게 성냄과 원결 아낌 질투 속임 아첨 제 부끄러움 없음[無慙] 남 부끄러움 없음[無愧] 거만[慢] 최상만(最上慢 : 증상만) 공고(貢高) 방일(放逸) 호귀(豪貴) 미워함 다툼도 또한 끊는 것입니다. 여러분, 탐욕도 나쁘고 집착도 또한 나쁩니다. 중도는 탐욕을 끊고 또한 집착도 끊는 것입니다. 여러분, 이것을 능히 마음을 머무르게 하고 정을 얻고 즐거움을 얻게 하며, 법을 따르고 법을 이어받게 하며, 신통을 얻고 깨달음을 얻게 하며, 또한 열반을 얻게 하는 중도라고 합니다.

여러분, 다시 능히 마음을 머무르게 하고 정을 얻고 즐거움을 얻게 하며, 법을 따르고 법을 이어받게 하며, 신통을 얻고 깨달음을 얻게 하며, 또한 열반을 얻게 하는 중도가 있습니다. 여러분, 다시 능히 마음을 머무르게 하고 정을 얻고 즐거움을 얻게 하며, 법을 따르고 법을 이어받게 하며, 신통을 얻고 깨달음을 얻게 하며, 또한 열반을 얻게 하는 중도란 무엇인가? 곧 8정도[支聖道]로서 바른 소견과 나아가 바른 선정[正定]에 이르기까지이니, 이것을 여덟 가지라 합니다. 여러분, 이것을 능히 마음을 머무르게 하고 정(定)을 얻고 즐거움을 얻게 하며, 법을 따르고 법을 이어받게 하며, 신통을 얻고 깨달음을 얻게 하며, 또한 열반을 얻게 하는 중도라고 합니다(중아함경 658페이지).

위 인용문은 부처로부터 '법답게 설법했다'라며 칭찬까지 받은, 존자 사리자가 비구들에게 한 말이다. 여기서 보면, 능히 마음을 머무르게 하고, 정(定)을 얻고, 즐거움을 얻게 하며, 법을 따르고, 법을 이어받게 하며, 신통을 얻고, 깨달음을 얻게 하며, 또한 열반을 얻게 하는 것이 바로 중도이다. 다시 말해, 중도를 실행하면 그 결과가 이렇다는 것이다. 그리고 그 중도의 몸통이 바로 나쁜 것을 끊는 것이라고 했다. 그렇다면, 무엇이 나쁜 것인가? 나열된 대로 염욕(念欲)·성냄·원결(怨結)·아낌·질투·속임·아첨·제 부끄러움 없음[無慙]·남 부끄러움 없음[無愧]·거만[慢]·최상만(最上慢:증상만)·공고(貢高)·방일(放逸)·호귀(豪貴)·미워함·다툼·탐욕·집착 등이다.

②극히 하천(下賤)한 업이고 범부의 행인 탐욕의 즐거움을 구하지 말고, 또한 지극히 괴롭고 거룩한 행이 아니며 이치와 서로 걸맞지 않는

자신의 고행(苦行)도 구하지 말라. 이 두 가지 치우침을 여의면 곧 중도(中道)가 되나니, 그것은 눈을 이루고 지혜를 이루어 자재로이 선정[定]을 이루며, 지혜로 나아가고 깨달음으로 나아가며, 열반으로 나아간다(중아함경 1257페이지).

이 인용문은 부처가 직접 하신 말씀이다. 탐욕의 즐거움[쾌락]과 고행(苦行)이라는 양 극단적인 생각·자세·행동 등을 버리면 중도가 된다고 하면서 팔정도(八正道)가 바로 그 예라고 하였다.

③다섯 비구야, 마땅히 알라. 도를 닦는 모든 사람이 배워서는 안 될 두 가지 치우친 행이 있으니, 하나는 욕심과 향락의 하천한 업인 범인의 행에 집착하는 것이요, 다른 하나는 성현의 법이 아닌 것으로서 도리에 맞지 않는 것에 스스로 번거로워하고 스스로 괴로워하는 것이다. 다섯 비구들아, 이 두 가지 치우친 행을 버리고 중도(中道)를 취하면 밝음을 이루고, 지혜를 이루며, 선정[定]을 성취하여 자재함을 얻고, 지혜로 나아가며, 깨달음으로 나아가고, 열반으로 나아가게 된다. 그 중도란 이른바 8정도(正道)이니, 바른 소견[正見]에서부터 바른 선정[正定]에 이르기까지의 이 여덟 가지를 말하는 것이다(중아함경 1599페이지).

위 ①, ②, ③에서 보는 바와 같이 「중아함경」 속에서 중도

란 부처와 사리자가 비구들을 대상으로 말했던 대로 쾌락과 고행, 혹은 탐욕과 금욕이라는 양극단을 버려서 취하게 되는 제3의 수행법을 뜻했고, 그 실례로 팔정도를 들었다. 「과거현재인과경」·「근본설일체유부비나야」 등에서의 중도 역시 이에 해당한다.

2) 「금강삼매경론」에서의 중도 : 공(空), 여래장(如來藏)

「금강삼매경」에서는 '중도'라는 용어가 직접 사용되지는 않았으나 이 경을 해설한 「금강삼매경론」에서는 적잖이 사용되었는데 그 의미가 「중아함경」에서처럼 단순하지가 않다. 「금강삼매경」의 '입실제품'에서, 대력보살이 부처께 '삼공(三空)이 무엇이냐?'라고 묻자, 부처가 "3공이란 공상(空相)도 공이며[空相亦空], 공공도 공이며[空空亦空], 소공도 공임[所空亦空]을 말한 것이다. 이와 같은 공들은 3상(相)에 머무르지 않으므로 진실이 없지 않으니, 문자나 언어로 나타낼 길이 끊어져 불가사의하다."라고 대답한 내용을 가지고 「금강삼매경론」에서 설명하는데 바로 그 설명 속에 '중도'라는 용어가 쓰였다. 그것도 속제중도(俗諦中道), 진제중도(眞諦中道), 진도 아니고 속도 아닌 무변(無邊) 무중(無中)한 중도(中道) 등 셋으로 나뉘어 쓰였다. 간단히 말해, 공을 설명하는데 중도가 쓰인 것이다. 아래 ①이 「금강삼매경론」에서의 설명이다.

　①이 하나의 문답은 3공(空)을 밝힌 것이다. '공상도 공'이라 한데서, '공상(空相)'이란 속(俗)을 버리고 진(眞)을 드러내는 것으로서 평등한 모양을 말한다. 그런데 '그것도 공하다'는 것이니, 진(眞)을 속(俗)으로 융합한 것이다. 이러한 공공(空空)의 뜻은 순금을 녹여 장엄구를 만드는 데 비유할 수 있다. 『열반경(涅槃經)』에서는 "있기도 하고 없기도 한 것을 '공공'이라 하고, 옳기도 하고 그르기도 한 것을 공공이라 한다"고 하였다. 이는 있다 없다, 옳다 그르다 하는 속제(俗諦)의 차별상을 설명한 것으로서 공공의 뜻이다. 평등한 공에 대해서도 공이라 하여 세속의 차별을 나타내기 때문에 그러므로 이 차별을 '공공'이라 한다. '공공도 공'이라고 한데서 '공공'이란 속제(俗諦) 차별을 말한다. 그런데 '(그것)도 공하다'는 것이니, 즉 속(俗)을 진(眞)으로 융합한 것이다. 이는 장엄구를 다시 금덩어리로 환원시키는 것과 같다. '소공도 공'이라고 함은, 첫 번째 공(空)에서는 공에 의해 속제가 드러났고, 두 번째 공에서는 공에 의해 진제가 드러났는데 이 두 가지가 둘이 아니므로 '(그것)도 공'이라고 하였다. 이는 일제(一諦)에 융합하여 하나인 법계[一法界]를 드러낸 것이다. 일법계란 일심(一心)을 말한다. 그러나 (3공 중) 첫째 공문(空門:空相亦空)에서 버린 속(俗)은 소집상(所執相)이고, 둘째 공문(空門:空空亦空)에서 융합한 속(俗)은 의타상(依他相)이다. 속제에 두 가

지 상이 있기 때문에 버리는 것과 융합하는 것이 하나가 아니다. 또한, 첫째 공문에서 속(俗)을 버림으로써 드러난 진(眞)과 둘째 공문에서 속을 융합함으로써 드러난 진, 이 두 가지 문의 진은 유일무이(唯一無二)한 것이다. 오직 진실 한 종류인 원성실성(圓成實成)이다. 그러므로 버리든 융합하든 드러난 것은 하나다. 셋째의 공은 진도 아니고 속도 아니며, 둘도 아니고 하나도 아니다. 또 이 3공(空) 중에 첫째 공은 속제중도(俗諦中道)를 드러내고, 둘째 공은 진제중도(眞諦中道)를, 셋째 공은 진도 아니고 속도 아닌 무변(無邊) 무중(無中)한 중도(中道)의 의미를 드러낸 것이다. '이와 같은 공들'이란 3공(空) 전체를 들어 말한 것인데, 속제의 상에도 머물지 않고, 진제의 상에도 머물지 않고, 그것이 둘이 아니라는 상에도 머물지 않기 때문에 '3상(相)에 머무르지 않는다'고 하였다. 이와 같이 머물지 않음으로써 철저하게 진실을 드러내기 때문에 '진실(眞實)이 없지 않다'고 하였다. 진실이 없지는 않지만 그렇다고 진실이 있는 것도 아니다. 그러므로 '문자나 언어로 나타낼 길이 끊어졌다'고 하였으며, 길이 끊어졌다[道斷] 는 말도 붙일 수 없으므로 '불가사의(不可思議)'라고 하였다.

위 ①에서 공(空)의 본체를 삼공(三空)으로써 설명했는데 이해가 되는지 모르겠다. 사실은 경문을 설명하는 논(論)이 더 어려워진 상태인데 어떻게 설명해야 쉽게 이해할 수 있을까···. 필자는 이렇게 하고 싶다. 곧, 공상(空相:공의 모습)을 공의 모양새 곧 그 껍데기라 하고, 공공(空空)을 공의 속이라 하면, 소공(所空)은 우리가 '공'이라고 부르는 이름뿐인 것으로서 공이다. 그런데 공의 껍데기도 공이고, 공의 속도 공이고, 우리가 공이라고 부르는 그 이름도 공이다. 그렇다고 공이 없느냐? 없지 않다. 그렇다고 공이 있느냐? 있지도 않다. 바로 이런 모순적인, 인간이 인지할 수는 있으나 그 인지된 내용을 말로써 설명 불가능한, 다시 말해, 언어표현을 초월한 그것을 두고 '공(空)'이라 했고, 그 공의 자리에 놓이는 것이 바로 '진여(眞如)'이고 '여래장(如來藏)'이라는 것이다. 그러니까, 있고 없음이라는 양극단의 판단과 집착을 버린 것이기 때문에 중도(中道)라는 것인데, 다만, 원래 없어서 보이지도 않고 만질 수도 없는 공을 볼 수 있고 만질 수 있는 것처럼 공상(空相)이라 했기에 '속제(俗諦)'라 한 것이고, 원래 있지만 만질 수 없고 볼 수도 없어서 공공이라 했기에 '진제(眞諦)'라 했고, 있지만 없고 없지만 있는 그것에 관하여 속제와 진제를 다 버렸기에 '무변(無邊) 무중(無中)한 중도(中道)'라는, 없는 말을 만들어 썼던 것이 아닌가 싶다. 이렇게 해석하면, 「금강삼매경론」에서의 중도라는 것 역시 어떤 인지(認知) 대상에 관한 양극단의 생각이나 판단을 초월하여 존재하는 진리[무이중도(無二中道)=중도일미(中道一味)]로서 공(空)과 여래장(如來藏)을 들고 있다. 「금광명최승왕경」·「대방등대집경」 등의 중도가 여기에 해당한다.

3) 「대반열반경」에서의 중도 : 불성(佛性), 제일의공(第一義空), 지혜(智慧), 12인연

①불성은 제일의공(第一義空)이라 하고, 제일의공은 지혜라 이름하느니라. 공이라 말하는 것은 공한 것이니 공하지 아니한 것을 보지 않는 것이요, 지혜라 함은 공한 것이나 공하지 아니한 것과, 항상한 것이나 무상한 것과, 괴로운 것이나 즐거운 것과, 나인 것이나 내가 없는 것을 보는 것이니라. 공이란 것은 온갖 생사요 공하지 않다는 것은 대열반이며, 내지 내가 없다는 것은 생사요 나라는 것은 대열반이니라. 온갖 공한 것만 보고 공하지 않은 것을 보지 못하는 것은 중도(中道)라 이름할 수 없으며, 내지 온갖 내가 없는 것만 보고 나를 보지 못하는 것은 중도라고 이름할 수 없느니라. 중도란 것은 불성이라 이름하나니, 이런 뜻으로 불성은 항상하여 변하지 아니하거니와, 무명에 덮이어서 중생들로 하여금 볼 수 없게 하느니라. 성문과 연각은 모든 공한 것만 보고 공하지 않은 것은 보지 못하며, 내지 모든 내가 없는 것만 보고 나인 것은 보지 못하나니, 이런 뜻으로 제일의공을 얻지 못하며, 제일의공을 얻지 못하므로 중도를 행하지 못하고, 중도가 없으므로 불성을 보지 못하느니라(「대반열반경」 587페이지).

「대반열반경」에서는, 도(道)를 하도(下道)·상도(上道)·중도(中道) 등 셋으로 구분하였는데 부처와 보살들이 닦는 도를 상도가 아닌 중도라 했고, '제일의공'이라 부르며, 무상한 것은 무상하다고 보고 영원한 것은 영원하다고 보는 것이라 했다. 쉽게 말해서, 사실 그대로를 보는 지혜와 능력이 있는 수행자가 닦는 길이 곧 중도라는 뜻이다. 중생에게는 '항상 있다'라는 소견[常見]과 '아주 없다'라는 소견[斷見] 등 두 가지가 있는데 이를 중도라 하지 않고, 항상 있음도 없고 아주 없음도 없다고 보는 것이 중도라며, (뜬금없이) 12인연을 관찰하는 지혜가 불성(佛性)이고, 그 불성이 곧 아뇩다라삼먁삼보리 종자라고 했다.

불성과 12인연과 아뇩다라삼먁삼보리와의 삼자 관계에 관해 경문에서는 이렇게 설명한다. 곧, 불성은 인(因)이 있고, 인의 인[因因]이 있으며, 과(果)가 있고, 과의 과[果果]가 있는데, 불성의 인은 12인연이요, 불성의 인의 인은 지혜이며, 불성의 과는 아뇩다라삼먁삼보리요, 불성의 과의 과는 대반열반이라고 했다. 마치, 무명(無明)이 인(因)도 되고 인의 인도 되며, 식(識)이 과(果)도 되고 과의 과도 되듯이, 불성 또한 그와 같다는 것이다. 그러면서 12인연은 나지도 않고 멸하지도 않으며, 항상하지도 않고 아주 없지도 않으며, 하나도 아니요 둘도 아니며, 오는 것도 아니요 가는 것도 아니며, 인도 아니요 과도 아니기 때문에 중도라는 주장을 편다. (이 글을 읽는 사람들은 이미 알아차렸는지 모르겠지만 모순은 이미 드러났다) 그러면서 12인연을 보는 지혜에는 네 가지가 있는데 하(下)·중(中)·상(上)·상상(上上)이라 했다. 하품 지혜로는 불성을 보지 못하기에 성문(聲聞)의 도를 얻고, 중품 지혜로는 불성을 보지 못하기에 연각(緣覺)의 도를 얻고, 상품 지혜로는 보아도 분명치 못하기에 10주지(住地)에 머물고, 상상품 지혜로는 분명히 보기에 아뇩다라삼먁삼보리도를 얻는다고 했다. (여기에도 모순이 있다. 다른 숱한 경에서는 성문과 연각은 아뇩다라삼먁삼보리를 얻는다고 했기 때문이다) 이런 뜻으로 12인연을 불성이라 이름하고, 불성은 곧 제일의공이요, 제일의공은 중도라 하며, 중도는 부처라 이름하고, 부처는 열반이라 이름한다는 것이다. 그야말로 꿰맞추기식 주장이다. 어쨌든, 이 「대반열반경」에서의 중도는, 나지도 않고 멸하지도 않으며, 항상하지도 않고 아주 없지도 않으며, 하나도 아니요 둘도 아니며, 오는 것도 아니고 가는 것도 아니며, 인(因)도 아니고 과도 아닌 12인연이 중도라는 나름의 주장을 폈는데 다분히 궤변에 가깝다고 아니 말할 수 없다. 「대방광불화엄경 수현분제통지방궤」·「대보적경」의 중도 역시 이 범주에 든다.

4) 「대방광불화엄경」에서의 중도 : 이법계(理法界:우주 만물의 근원), 인연(因緣:현상의 이치)

부처가, 만물 만상을 내어놓는 주체로서 인식했던 '허공(虛空)'을 가지고서 말해 보겠다. 허공은 우리가 손으로 붙잡을 수 없다. 그래서 있다고 말할 수 없다. 그러나 그 허공 안에 만물과 만상이 존재하기 때문에 없다고도 말할 수도 없다. 그래서 부처는 '있지만 없고, 없지만 있는'이라는 모순어법을 사용하여 그 허공을 드러내었다. 이 허공이 놓이는 자리에 무위의 도(道)가 있고, 법신(法身)이 있으며, 일체지(一切智)가 있다.

이때 '있다', '없다', '있지도 않고 없지도 않다'라고 하는 세 개의 판단이 성립하는데 이 세 개의 판단 가운데 '있다'라는 판단은 부분적으로 옳고, '없다'라는 판단도 부분적으로 옳다. 그렇지만 온전한 것이 아니기에 불완전하다. 그래서 그것들에 집착해서는 안 되고, '있지도 않고 없지도 않다'라는 모호한, 언어를 초월하는 제3의 표현으로써 둘을 부정함으로써 둘을 수용하였다. 이처럼 모순어법으로 표현할 수밖에 없는 제3의 판단만이 궁극적 실체를 드러내는 진실이라고 경문 집필자들은 말해왔다. 이를 뒷받침하는 예문을 들어

보자.

①이법계(理法界)란 우주 만상의 참 성품인 본체계(本體界)를 말하는 것이니, 한량없이 차별한 현상계인 사법계(事法界)는 인이 되고 연이 되어 생겨나서 변천하다가 필경에 없어지는 것이지마는, 이 본체는 생겨나지도 없어지지도 않고 늘지도 줄지도 아니하면서 끝없는 세월에 변하지 않는 절대의 진리라는 것이다. 이 이법계는 우리의 말로는 형용할 수 없고 마음으로 생각할 수도 없는 것이어서, 끝까지 어떻다고 설명할 도리가 없는 것이므로 억지로 공(空)이라 하지마는, 공이라는 말만으로는 이 절대적인 경계를 표현할 수 없으므로 공이라는 생각까지 없어지는 경지에서만 체험할 수 있다는 것인데, 이것을 중도(中道)라고 하나니, 이른바 이법계다(대방광불화엄경40권본 10004페이지).

②보살마하살은 여래께서 바른 깨달음을 이룸이 온갖 이치에 관찰함이 없고, 법에 평등하여 의혹이 없으며, 둘이 없고 모양이 없으며 행도 없고 그침도 없으며, 한량이 없고 짬이 없으며, 양쪽을 떠나서 중도(中道)에 머물며, 모든 글자와 말을 넘어설 줄을 알아야 합니다(대방광불화엄경80권본 1334페이지).

③연기(緣起)는 있지도 없지도 않고/참도 아니고 헛것도 아니니/이와 같이 중도(中道)에 들어가/말을 하지만 집착이 없고/한 생각에 삼세

마음과/욕심 세계·형상 세계·무형 세계의/여러 가지 복잡한 일을/두루두루 다 나타내고/세 가지 계율과 거동[律儀]을 따라/세 가지 해탈을 연설도 하고/삼승의 길을 세워가면서/온갖 지혜를 성취하는 것(대방광불화엄경80권본 1504페이지).

위 ①, ②, ③에서 보는 바와 같이 중도란 모순이나 한계를 초월하여 존재하는 대상에 대한 인식방법이자 그 내용이다. 그래서 대립적인 두 판단을 부정하거나(경문에서는 양쪽을 떠남, 양쪽을 버림 등으로 표현되고 있음) 동시에 수용하는 형태로 나타난다. 모순이나 한계를 초월하여 존재하는 대상으로는 우주 만물의 근원이라든가, 법신(法身)이라든가 일체지(一切智)라든가 현상의 이치 등을 들 수 있다.

5)「대보적경」에서의 중도 : 항상 있고 덧없는 것 가운데 있는 빛깔도 없고 형상도 없고 밝음[明]도 없고 앎[知]도 없는 것 = 공(空)

①가섭아, 보살로서 이『보적경(寶積經)』을 배우고자 하는 이는 마땅히 모든 법을 바르게 관[正觀]하기를 닦아 익혀야 하느니라. 어떤 것을 바르게 관한다 하는가 하면 이른바 진실하게 모든 법을 사유(思惟)하는

256

것이니라. 진실하고 바르게 관한다 함은 나와 사람과 중생과 수명을 관찰하지 않나니, 이것을 중도(中道)의 진실하고 바른 관[眞實正觀]이라 하느니라.

또 가섭아, 진실한 관[眞實觀]이라 함은 물질[色]은 항상 있는 것[常]도 아니고 덧없는 것[無常]도 아니라고 관찰하며 느낌[受]·생각[想]·지어감[行]·의식[識]도 역시 항상 있는 것도 아니고 덧없는 것도 아니라고 관찰하나니, 이것을 중도의 진실하고 바른 관이라 하느니라.

또 가섭아, 진실한 관이라 함은 땅은 항상 있는 것도 아니고 덧없는 것도 아니라고 관찰하며 물·불·바람도 역시 항상 있는 것도 아니고 덧없는 것도 아니라고 관찰하나니, 이것을 중도의 진실하고 바른 관이라 하느니라. 그 까닭은 항상 있다[常]는 것도 이는 한쪽으로 치우친 소견이요 덧없다[無常]는 것도 한쪽으로 치우친 소견이기 때문이니라. 항상 있고 덧없는 것 가운데는 빛깔도 없고 형상도 없고 밝음[明]도 없고 앎[知]도 없나니, 이것을 중도로서의 모든 법의 진실한 관이라 하느니라. 나[我] 이것도 한쪽의 치우친 소견이요, 나 없음[無我]의 이것도 한쪽으로 치우친 소견이어서, 나와 나 없음의 이 가운데에는 빛깔도 없고 형상도 없고 밝음도 없고 알음도 없는 것이니, 이것을 중도로서의 모든 법의 진실한 관이라 하느니라.

또 가섭아, 마음이 진실이라는 것도 한쪽으로 치우친 소견이요, 마음이 진실이 아니라는 것도 한쪽으로 치우친 소견이어서, 만일 심식(心識)이 없으면 역시 심수(心數)의 법도 없는 것이니, 이것을 중도로서의 모든 법의 진실한 관이라 하느니라. 그와 같이 착한 법과 착하지 않은 법, 세간의 법과 출세간법[出世法], 죄가 있는 법과 죄가 없는 법, 번뇌[漏] 있는 법과 번뇌가 없는 법, 함[爲]이 있는 법과 함이 없는 법, 나아가 때[垢]가 있는 법과 때가 없는 법도 역시 그와 같아서 두 쪽의 치우친 소견을 여의면서 받을 수도 없고 말로 설명할 수도 없나니, 이것을 중도로서의 모든 법의 진실한 관이라 하느니라.

또 가섭아, 있다는 것도 한쪽으로 치우친 소견이어서 있고 없고 하는 중간에는 빛깔도 없고 알음도 없나니, 이것을 중도로서의 모든 법의 진실한 관이라 하느니라.

또 가섭아, 내가 말한 12인연(因緣)에 무명(無明)은 지어감[行]에 반연하고, 지어감은 의식[識]에 반연하며, 의식은 정신과 물질[名色]에 반연하고, 정신과 물질은 여섯 감관[六入]에 반연하며, 여섯 감관은 접촉[觸]에 반연하고, 접촉은 느낌[受]에 반연하며, 느낌은 욕망[愛]에 반연하고, 욕망은 취함[取]에 반연하며, 취함은 존재[有]에 반연하고, 존재는 태어남[生]에 반연하며, 태어남은 늙고 죽고 근심하고 슬퍼하고 괴로워함[老死憂悲苦惱]에 반연하는 것이니, 이와 같은 인연은 다만 큰 고통의 더미[大苦聚]만을 쌓고 이루게 되느니라. 만일 무명이 사라지면 지어감도 사라지고, 지어감이 사라지면 의식도 사라지며, 의식이 사라지면 사람과 물질도 사라지고, 정신과 물질이 사라지면 여섯 감관도 사라지며, 여섯 감관이 사라지면 접촉도 사라지고, 접촉이 사라지면 느낌도 사라지며, 느낌이 사라지면 욕망도 사라지고, 욕망이 사라지면 취함도 사라지며, 취함이 사라지면 존재도 사라지고, 존재가 사라지면 태어남도 사라지며, 태어남이 사라지면 이와 같은 늙고 죽고 근심하고 슬퍼하고 괴로워하는 큰 고통이 모두 사라지느니라. 명(明)과 무명(無明)은 둘이 아니고 구별도 없나니, 이와 같이 알면 이것을 중도로서의 모든 법의 진실한 관이라 하느니라. 그와 같아서, 지어감과 지어감이 아닌 것과, 의식과 의식되는 대상[所識]과, 정신과 물질로서 볼 수 있는 것과, 모든 여섯 감관과 여섯 가지 신통과 접촉과 접촉하는 대상[所解]과, 느낌과 느낌의 사라짐과, 욕망과 욕망의 사라짐과, 취함과 취함의 사라짐과, 존재와 존재의 사라짐과, 태어남과 태어나지 않음과, 늙어 죽음과 늙고 죽음의 사라짐 등의 이 모두는 둘이 아니고 구별도 없나니, 이와 같이 알면 이것을 중도로서 모든 법의 진실한 관이라 하느니라.

또 가섭아, 진실한 관이라 함은 공하기 때문에 모든 법으로 하여금 공하게 하는 것이 아니요, 다만 법의 성품이 저절로 공할 뿐이며, 모양이 없기 때문에 법으로 하여금 모양이 없게 하는 것이 아니요 다만 법이 저절로 모양이 없을 뿐이며, 바람[願]이 없기 때문에 법으로 하여금 바람이 없게 하는 것이 아니요 다만 법이 저절로 바람이 없을 뿐이며, 일어남이 없고 생김이 없고 나가 없고 취함이 없고 성품이 없기 때문에 법으로 하여금 일어남이 없고 취함이 없고 성품이 없게 하는 것이 아니요 다만 법이 저절로 일어남도 없고 취함도 없고 성품도 없을 뿐이니, 이렇게 관찰하면 이것을 진실한 관이라 하느니라.

또 가섭아, 사람이 없기 때문에 공하다 하는 것이 아니요 다만 공이 저절로 공할 뿐이니라. 과거도 공하고 미래도 공하며 현재도 공하나니, 마땅히 공에 의지해야 하고 사람에 의지하지 말 것이니라. 만일 공을 얻게 되어 곧 공에 의지한다면 이것은 부처님 법에서 물러나고 떨어지는 것이니라(대보적경 3230~3232페이지)

위 인용문은 「대보적경」에서 부처가 가섭에게 중도의 진실하고 바른 관법(觀法)을 자세하게 설명해 준 내용이다. 그 핵심은, ⓐ나와 사람과 중생과 수명을 관찰하지 않음, ⓑ물질[色]·느낌[受]·생각[想]·지어감[行]·의식[識]·물·불·바람 등이 항상 있는 것도 아니고 덧없는 것도 아니라고 관찰함, ⓒ진실한 마음과 진실하지 않은 마음, 착한 법과 착하지 않은 법, 세간의 법과 출세간법[出世法], 죄가 있는 법과 죄가 없는 법, 번뇌[漏] 있는 법과 번뇌가 없는 법, 함[爲]이 있는 법과 함이 없는 법, 나아가 때[垢]가 있는 법과 때가 없는 법 등이 다 치우친 소견이기에 여의면서 받을 수도 없고 말로 설명할 수도 없음, ⓓ있고 없고 하는 중간에는 빛깔도 없고 알음도 없음, ⓔ명(明)과 무명(無明)은 둘이 아니고 구별도 없음, ⓕ모든 법은 스스로 공하고 스스로 모양과 성품이 없음 등이 진실하고 바르게 중도를 보는 것이라는 점이다. 그러니까, '있다·없다', '무상하다·영원하다'를 초월하는, 모양과 성품이 없는 공(空)이 바로 중도라는 뜻이다.

6) 「문수사리문경」에서의 중도 : 중도까지 버림

①명(明)과 무명(無明)이 두 가지가 없으니, 두 가지가 없기 때문에 세 가지 없는 지혜를 이룩하니, 문수사리여, 이를 일러 중도를 구족하여 진실하게 모든 법을 관하는 것이라 하며, 행(行)과 무행(無行)이 두 가지가 없으니, 두 가지가 없기 때문에 세 가지 없는 지혜를 이룩하니, 문수사리여, 이를 일러 중도를 구족하여 진실하게 모든 법을 관하는 것이라 하며, 의식[識]과 의식 아닌 것과 나아가 늙고 죽음과 늙고 죽음 아닌 것의 두 가지 없음도 역시 그러하다. 문수사리여, 무명이 있다는 것도 한쪽에만 치우치고, 무명이 없다는 것도 한쪽에만 치우침이니, 이는 둘 다 치우친 것이라. 그 중간에 물질이 없어 볼 수 없으며, 처소도 없고 형상도 없으며, 서로 기다리는 것도 없고 어떤 형상을 나타내는 것도 없으

니, 문수사리여, 이것이 이른바 중도이다. 지어감[行]과 의식[識]과 나아가 늙고 죽음이 역시 그러하다. 문수사리여, 이 중도를 구족하여 진실하게 모든 법을 관하는 것이란 모든 법이 두 가지가 없다는 것이니, 두 가지 없다는 것에 어떤 이치가 있는가 하면 이른바 말타마(末陀摩)[말(末)은 '말라'는 뜻이고 타마(陀摩)는 '중도'라는 뜻이다. '중도에 집착하지 말라'는 이것이 말타마이다]이다. 왜냐하면, 항상하다는 소견[常見]과 있다는 소견[有見]을 갖지 않기 때문이니, 이 때문에 말타마라고 한다.

위 인용문은 「문수사리문경(文殊師利問經)」 중도품(中道品) 내용의 핵심이다. 중도가 무엇인가를 부처가 문수사리에게 설명하는 내용이다. 그런데 쉽게 이해되지 않는다. 그래서 중국 한자경문을 그대로 가져와 여기에 붙이겠다. 참고하기 바란다.

明无明无二. 以无二故成无三智. 文殊师利. 此谓中道具足. 真实观诸法. 行无行无二. 以无二故成无三智. 文殊师利. 此谓中道具足. 真实观诸法. 识非识乃至老死非老死无二亦如是. 文殊师利. 若无明有者是一边. 若无明无者是一边. 此二边中间无有色不可见. 无有处无相无相待无标相. 文殊师利. 此谓中道行识. 乃至老死亦如是. 文殊师利. 此中道具足.

真实观诸法. 诸法无二. 无二有何义. 谓末陀摩(末者莫义陀摩者中义莫着中此谓末陀摩). 何以故. 不取常见有见故. 是故名末陀摩.

내가 이해하기 쉽게 한 구절만 설명하겠다. 우리말 번역 인용문에서 "명(明)과 무명(無明)이 두 가지가 없으니, 두 가지가 없기 때문에 세 가지 없는 지혜를 이룩하니[明无明无二. 以无二故成无三智. 文殊师利. 此谓中道具足. 真实观诸法.]"라는, 이 모호한 표현을 들여다보자.

명(明)과 무명(無明)은 서로 대척 지점에 있는 반대개념이다. '명(明)'을 밝아서 잘 보이기에 지혜라고 한다면 '무명(無明)'은 밝지 못해서 잘 보이지 않기에 무지라고 할 수 있다. 그래서 '명(明)'이라는 판단이 하나 성립하고, '무명(無明)'이라는 판단이 하나 성립한다. 이 둘을 합치면 두 개의 판단이 된다. 그런데 이 둘을 부정해서 명도 아니고 무명도 아닌 제3의 것이 존재한다고 보는 시각이 중도(中道)인데, 이 중도까지 합치면 총 세 개의 판단이 성립되는 것이다.

그런데 본래 명도 없는 것이고, 무명도 없는 것이라면서 명도 아니고 무명도 아닌 것조차 없다고 보는 것이 지혜라고 여기기 때문에 '세 가지 없는 지혜'라는 표현을 쓰는 것이다. 이런 식으로 행(行)과 무행(無行)을 보고, 의식(意識)과 의식 아닌 것을 보며, 죽음과 죽지 아니함을 보고, 늙음과 늙지 않음 등 모든 법[現象]을 보는 것[觀法]이 진실하다는 것이다. 그러니까, 이 「문수사리문경」에서는 양극단의 판단만이 아니라 이를 부정하든 수용하든 제3의 판단까지도 없다고 여기는, 없다고 보는 관법(觀法)이 옳고 진실한 중도라는 것이다. "诸法无有二/亦复无有三/此中道具足/名为真实道" 부처가 읊조린 이 게송이 잘 말해 준다. 「대반야바라밀다경」속의 중도도 이 범주 안에 든다.

7) 기타 경문에 나타난 중도 :

①단멸[斷]과 상주[常]의 두 극단[二邊]을 여의면/이것이 바로 중도(中道)이니/만약 이것을 깨달아 성취하면/그 깨달음의 주체가 바로 모든 부처이다(대승연생론).

②만약 어떤 보살이 이와 같이 관한다면, 이것을 가지도 않고 오지도 않고 머물지도 않는다 하리니, 머물지 않기 때문에 지음이 없고, 지음이 없기 때문에 원하여 구함이 없고, 원하여 구함이 없기 때문에 단(斷)과

상(常)이 없으니, 만약 단과 상이 없다면, 이는 곧 중도(中道)니라(대방등대집경).

③그러므로 저 선남자와 선여인이 만일 위없는 보리를 성취하고자 하며, 내지 연각(緣覺)보리와 성문(聲聞)보리를 이루고자 한다면 모두 일체 법을 이와 같이 관찰해야 하느니라. 이 관찰을 지을 때 곧 적정에 들어 분별함도 없고 분별함이 없지도 않느니라. 무슨 까닭이냐 하면, 현호여, 저 일체 법은 존재하지도 않고 나지도 않기 때문이니라. 그러므로 그 선정은 분별함이 있나니 곧 이것이 한 변(邊)이요, 선정의 분별함이 없는 것이 또한 한 변이니라. 그러므로 이 두 변 있는 데에 적정이 없기도 하고, 적정이 없지 않기도 해서 생각하고 헤아리는 곳도 없고, 분별하는 곳도 없으며, 증득하여 아는 곳도 없고 경영하는 곳도 없으며, 모으는 곳도 없고 생각하는 바도 없고 일어나는 곳도 없느니라. 현호여, 이것을 중도(中道)라고 하나니, 여러 가지 수(數)와 사(事)와 처(處) 등은 다만 세제(世諦)에 의하여 말하는 까닭이니라(대방등대집경현호분).

④보살은 큰 장엄으로써 스스로를 장엄하고 모든 중생을 위하여 색은 공(空)이 아니요, 색을 떠나도 또한 공이 아니며, 나아가 식(識)은 공이 아니요, 식을 떠나도 공이 아니며, 눈은 공이 아니요, 눈을 떠나도 또한 공이 아니며, 나아가, 뜻에 이르기까지 모두 공이 아니요, 뜻에 이르기까지 모두 떠나도 공이 아니며, 안식은 공이 아니요, 안식을 떠나도

공이 아니며, 의식은 공이 아니요, 의식을 떠나도 공이 아니며, 공처(空
處)는 공이 아니요, 공처를 떠나도 공이 아니며, 식처(識處)는 공이 아
니요, 식처를 떠나도 공이 아니며, 무소유처(無所有處)는 공이 아니요,
무소유처를 떠나도 공이 아니며, 비상비비상처(非想非非想處)는 공이
아니요, 비상비비상처를 떠나도 공이 아니며, 4념처(念處)는 공이 아니
요, 4념처를 떠나도 공이 아니며, 도(道)도 또한 공이 아니요, 도를 떠
나도 공이 아니며, 12인연(因緣) · 3불호법(不護法) · 10력(力) · 4무소
외(無所畏) · 18불공법(不共法) · 대자(大慈) · 대비(大悲) · 대희(大喜)
· 대사(大捨)와 나아가 열반에 이르기까지 이 모두가 공이 아니요, 열
반에 이르기까지 이 모두를 떠나도 공이 아니라고 설법하느니라. 선남
자야, 이것을 여래 중도(中道)의 진실한 뜻이요, 결정된 성질의 모습이
라 하느니라(대방광십륜경).

⑤이와 같은 방편으로 법념처를 관찰하면 보리를 장애하는 일체의
때[垢]를 멀리하게 되며, 영원하다는 견해에 집착하거나 끊어진다는 견
해에 집착하는 일 없이 중도(中道)의 견해를 행하게 됩니다. 이와 같은
중도는 세간의 지혜로는 볼 수 없고 말할 수 없고 드러낼 수 없습니다.
특징이나 모양이 없고, 색깔이 없고 처소가 없으며, 취할 바도 없고 버
릴 바도 없이 청정하고 고요하여서 눈으로 보거나 만질 수 없습니다. 또
한, 이르는 곳이 없으며, 세간에 존재하거나 세간을 벗어나는 일이 없습
니다. 가히 말로 표현할 수 없으니, 많지도 않고 적지도 않으며, 영원하

지도 않고 단절되지도 않으며, 형상이 아니고 형상 아닌 것도 아니며, 깨달음도 아니고 깨달음 아님도 아니며, 헛된 것도 아니고 실한 것도 아니며, 이것도 아니고 저것도 아니며, 유도 아니고 무도 아니며, 유위(有爲)도 아니고 무위(無爲)도 아니며, 행(行)도 아니고 행 아님도 아니며, 생함도 아니고 죽음도 아니며, 열반도 아니고 짓는 법[作法]도 아니니, 이것을 일컬어 중도라 합니다(대살차니건자소설경).

8) 중도에 관한 나의 생각

중도(中道)란, 말 그대로 '가운데 길'이다. 이 가운데 길을 양적 개념으로는 맞추자면 많지도 않고 적지도 않은 '적당한' 양을 뜻하고, 방향 개념으로 맞추자면 이쪽도 아니고 저쪽도 아닌 둘 사이의 중간이다. 또, 거리 개념으로 맞추자면 아주 멀리도 아니고 아주 가까이도 아닌, 가깝지도 않고 멀지도 않은 그런 중간 지점이다. 또, 질적 개념으로 맞추자면 이것도 아니고 저것도 아닌 그 무엇이다. 실제로, 다종의 경문에서는 이런 중도가 언급되었다. 이미 보아서 알겠지만 "부처님께서는 언제나 중도(中道)에 계시는지라 도솔천은 여섯 하늘에서 그 중간이다(경률이상, 대지도론)"라든가, "양쪽을 떠나서 중도(中道)에 머물며(대방광불화엄경80권본)"라든가,

'탐욕의 즐거움을 구하지 말고, 자신의 고행도 구하지 말라(중아함경)' 등이 그것이다.

그런데 이런 단순한 중도가 질적 개념으로 맞추어질 때 상당히 복잡해지고 만다. 양쪽 -그것이 무엇이든지 간에 경문에서는 '두 가지 소견' 또는 '두 치우침'이라는 말로써 표현되었지만- 을 버리면서['여의는', '떠나는', '집착하지 않는' 등으로 표현되기도 했음] 택하는 제3의 길이라면 모두를 다 중도라 여긴 탓이다. 예컨대, "유(有)를 여의고 무(無)를 여읜 것을 중도(中道)라 한다(대장알람집, 미륵보살소문경론, 신화엄경론, 심밀해탈경)"라든가, "두 치우침을 멀리 여읜 중도의 진실한 이치(대승광백론석론, 백유경, 불본행집경, 중론)"라든가, "두 가지 소견을 멀리 여의고서 중도를 행하느니라(대방등대집경, 대지도론)"라든가, "상(常)도 아니요 단(斷)도 아니니 이것을 중도(中道)라고 한다(금광명최승왕경, 대방등대집경)" 등의 표현 등이 잘 말해 준다.

이처럼 중도의 외연이 확장되어 가면서 그 개념이 점차 복잡해졌는데, 특히, 궁극적 실체로서 인지된 '공(空)'이라는 개념과 여래·법신·여래의 일체지·보살의 바라밀 수행 등을 일치시킴으로써 더욱 복잡해졌다는 생각이 든다. 급기야, 「대살차니건자소설경」이나 「문수사리문경」에서 말하는 것처럼, 말로 설명할 수 없다면서 애써 설명하거나, 양극단을 버려서 얻은 제3의 길조차도 궁극적으로는 없는, 부정되는, 버려야 하는 것이 되고 만다. 중도의 개념이 경문 집필자들에 의해서 그 외연과 내연이 확장·심화 되어 가면서 변하는 것을 인지할 수 있었고, 자신들의 주의·주장을 합리화시키는 방편으로까지 변질되었다고 필자는 생각한다.

어쨌든, 필자는 현재까지 여러 경문을 읽고 파악한 불경 속의 중도란 양극단을 지양하고(부정하고) 선택한 제3의 새로운 방법을 일컫는다는 점만은 분명해 보인다. 여기서 양극단이란 양적 질적 개념을 포함하는데 예를 들어 보이자면, '가깝다'와 '멀다'의 중간, '많다'와 '적다'의 중간, '크다'와 '작다'의 중간 , '무겁다'와 '가볍다'의 중간 등은 모두 양적 개념으로서의 중도이다. 그런가 하면, '고행'과 '쾌락'이라는 양극단의 수행법을 지양하고[그렇다고, 온전히 배제되지는 않음. 이런 의미에서는 부분적으로 수용된다고 할 수 있음] 선택하는 제3의 방법이 질적 개념으로서의 중도이다. 부처는 '고행법'도 아니고 '쾌락법'도 아닌 '정법(正法)'을 중도라 했다. 그래서 부처의 가르침이었던 팔정도(八正道), 12인연(因緣), 사대(四大), 4무소외(無所畏), 육바라밀(六波羅密), 삼매(三昧), 선정(禪定)

등 일체를 중도라고 했다.

그런데 인지(認知) 대상이 '항상 있음(영원한 존재)'과 '있다가 끊어짐(사라짐, 없어짐, 무상한 존재)' 중에서 어느 것에 해당하느냐에 따라서 믿을 수 있는 '진실이다'와 '아니다'로 많은, 어쩌면 불필요한 언쟁이 있었던 탓인지 '常과 斷', '有와 空(無)' 양극단에 집착하지 않는(여의는, 초월하는) 것이 중도라 하면서, 중도는 분별하지 않고, 자성도 없으며, 말로 표현되지 않는 묘한 진리이며, 정법이라고 주장하기에 이른다. 특히, 부처가 궁극적 실체로 인지한 공(空)의 정체성에 관해 설명할 때 '있다'와 '없다'의 양극단을 부정함으로써 '있지도 않고 없지도 않은'이라는 말로써 양쪽을 다 수용하는 결과를 낳는 모순에 직면하게 되자 언어표현을 초월하는 것이라고 했고, 공 자체라는 이름도 없다는 논리를 펴게 되는 것이다.

애써 탑을 쌓아 올리고[正], 이제는 그 탑을 부정하며 헐어내면서[反], 다시 새로운 탑을 쌓아 올리는[合], 이른바 정반합 같은 과정으로 부처가 말한 키워드에 대한 사유가 계속되었다고 판단한다. 사실, 이는 곧 경(經)이 경을 낳은 과정과 다르지 않다고 보며, 진리라고 말해진 것들[正]이 방편이 되고[反], 방편이 된 진리는 때가 되면 버려져야 하듯이 불자들이 믿고 의지했던 궁극적 실체로서 진리[습]도 새로운 옷으로 치장되는 것과 다르지 않다고 본다.

　여하튼, 양극단이 부정되든 '적절히' 수용되든 그 합(合)이 중도이며, 그 중도는 일견 논리적인 것 같지만 사실상 궤변에 지나지 않는다. 그들이 말하는 중도는 언어표현을 초월하는 대상을 바라보기 때문이다. 이것이 내가 인지한 불교의, 부처의 중도이다.

　-2020. 08. 01.

역(易)의 핵심은 이것이다

역은 ①괘(卦), ②효(爻), ③사(辭)로 구성되었다. 따라서 이 세 가지가 무엇이며, 그 기능(機能)을 이해하는 것이 무엇보다 중요하다.

괘는 모두 64개 괘가 있고, 이 64개의 괘는 팔괘(八卦)의 조합으로 이루어졌다. 그렇다면, 팔괘는 무엇인가가 또 중요한 문제로 대두된다. 「계사전(繫辭傳)」에서 말하는 것처럼 64개의 괘가 천하의 모든 이치를 담아냈다면 팔괘는 과연 무엇이란 말인가?

易에서 말하는 여덟 가지 괘는 '乾, 坤, 震, 巽, 坎, 離, 艮, 兌'라는 이름으로 불리는 '하늘, 땅, 우레, 바람, 물, 불, 산, 연못'이다. 그렇다면, 이 여덟 가지 요소가 천하의 모든 이치를 낳는 기본 인자(因子)라도 된다는 말인가? 이 근원적인 물음에 나는 확신이 서질 않는다. '연못' 대신에 '바다(海)'를 넣

으면 어떻고, 땅 위에 물이나 연못이나 바다나 산이 다를 게
뭐 있는가 싶기 때문이다.

물론, 이 여덟 가지 요소 자체가 천하의 모든 이치를 담아
낼 수 있는 근원적인 것이라고는 여전히 믿기지 않지만, 역
을 만든 이들이 이 팔괘에 부여한 각각의 의미(意味)가 있다.
그것이 바로 '乾, 坤, 震, 巽, 坎, 離, 艮, 兌'이다. 따라서 이들
한자(漢字)의 뜻을 모르면 곤란하다. 곧, 乾은 하늘(天)로서 剛,
健으로, 坤은 땅으로서 柔, 順으로, 震은 우레(雷)로서 動으로,
巽은 入으로서 하늘의 섭리 또는 謙으로, 坎은 水로서 險으
로, 離는 火로서 明으로, 艮은 山으로서 止로, 兌는 澤으로서
기쁨(說)으로 각각 그 의미를 부여했다. 그러니까, 이 부여된
의미들이 천하의 모든 이치를 설명하는 준거(準據)가 된다는
뜻이다.

乾의 剛 健, 坤의 柔 順, 震의 動, 巽의 入 謙, 坎의 險, 離의
明, 艮의 止, 兌의 說 등을 팔괘가 갖는 '덕성(德性)'이라고 한
다. 물론, 이 덕성이라는 말 대신에 '성품(性品)'과 '성정(性情)'
이라는 말을 쓰기도 한다. 그 이름을 뭐라 부르든 상관없다
만 이 덕성들이 작용한다는 것이고, 그것이 陰과 陽을 나타내
는 부호(符號)로써 도식(圖式)되었다는 사실이 무엇보다 중요하

다. 그런데 음이냐 양이냐를 표시하는 두 종류의 부호가 세 개로 이루어진다. 왜, 세 개인가? 그것은 천(天), 인(人), 지(地) 삼재(三才)를 상징해서라고 한다. 제일 아래에 있는 부호가 지(地)를, 중간에 있는 부호가 인(人)을, 가장 위에 있는 부호가 하늘(天)을 상징한다고 한다. 제법 그럴듯하다.

이렇게 도식된 형상물을 두고 '삼효(三爻) 단괘(單卦)'라고 부른다. 이 삼효 단괘로 도식된 형상물이 여덟 개이고, 그것들이 팔괘라는 뜻이다. '乾, 坤, 震, 巽, 坎, 離, 艮, 兌'순으로 음양 부호로 도식하면 ☰, ☷, ☳, ☴, ☵, ☲, ☶, ☱이 된다. 그렇다고, 여러분이 나에게 巽 곧 바람이 도식된 모양(☴)에서 보듯이 왜 음효(陰爻) 한 개와 양효(陽爻) 두 개로 되었으며, 그것도 양효가 음효 위로 올라가 있느냐고 묻지를 말라. 만약, 양효 두 개가 아래로 가고, 음효 한 개가 위로 가면 ☱이 되어 兌인 연못(澤)이 되는데 누가 누구 마음대로 이렇게 정했느냐고 묻는 것이나 다르지 않기 때문이다. 물론, 팔괘를 처음 만들었다고 전해지는 복희 씨 마음속 계산이 반영되었을 것이다. 그래서인지 누구도 이런 의문을 제기하는 이도 없고, 설령, 제기한다고 해도 설명해 주는 이 또한 없다.

그러나 생각해 볼 수는 있다. 양효(陽爻) 셋으로 이루어진 하늘 乾(☰)이 위에, 음효(陰爻) 셋으로 이루어진 땅 坤(☷)이 아래에 각각 자리를 잡고 있으면서, 건은 아래로 작용하고, 곤은 위로 작용하여 서로 만들어낼 수 있는 경우 수를 상정해 보면, 결국, ☳, ☴, ☵, ☲, ☶, ☱ 등 여섯 가지가 나온다. 그런데 문제는 이것들을 두고서 순서대로 震, 巽, 坎, 離, 艮, 兌 라고 그 이름을 정함으로써 그 의미를 부여했는데 '과연 이것이 합당한가이며, 합당하다면 어떤 근거에서인가?'이다. 양이 크게 작용해서 둘이고, 음이 작게 작용해서 하나이면 손(☴)과 태(☱)와 리(☲)인데 양이 위로 가 있으면 손(巽)이고 아래로 가면 태(兌)이고, 위 아래로 하나씩 가있으면 리(離)가 된다. 물론, 이들은 모두 음괘(陰卦)이다. 그리고 음이 크게 작용해서 둘이고, 양이 적게 작용해서 하나이면 진(☳)과 간(☶)과 감(☵)인데 음이 위로 가면 진(震)이고, 아래로 가면 간(艮)이고, 위 아래로 하나씩 가있으면 감(坎)이 된다. 물론, 이들 모두 양괘(陽卦)이다. 우리는 여기서 한 가지 중요한 사실을 유추해 낼 수 있다. 그것은 곧, 음(陰)과 양(陽) 중에서 어느 것이 세력이 강한가도 중요하고, 그 위치도 중요하다는 점이다. 세(勢)의 정도와 그 위치가 괘의 종(種)을 결정한다는 얘기이다.

여기까지는 어렵지 않게 말할 수 있으나 바람, 연못, 불이 왜 ☰, ☱, ☲로 각각 형상화되었는지, 그리고 우레, 산, 물이 왜 ☳, ☶, ☵로 각각 형상화되었는지는 확인할 길은 없다. 다만, '바람은 하늘에서 내려오고, 연못은 땅 위에 있으며, 불은 사람 눈에 밝다.'라는 점과 '벼락은 하늘에서 치고, 산은 땅 위에 솟아 머물러 있으며, 물은 하늘에서는 구름으로 있으나 땅 위에서도 흐른다.'라는 정도로 유추해 볼 수는 있다.

특히, 팔괘(八卦)에 관해서 설명하고 있는 설괘전(說卦傳) 제7장에 따르면, '乾=健, 坤=順, 震=動, 巽=入, 坎=陷, 离=麗, 艮=止, 兌=說'이라고 그 덕성을 부여했고, 설괘전(說卦傳) 제3장에서는 '천지(天地)는 정위(定位)하고, 산택(山澤)은 통기(通氣)하며, 뇌풍(雷風)은 상박(相薄:서로 묶음)하며, 수화(水火)는 불상역(不相射:서로 싫어하지 않음)하고, 팔괘는 상착(相錯:서로 섞음)한다'라고 언급했는데 이런 점으로 미루어보면, 음양 부호로써 형상화하는 데에 영향을 미치지 않았을까 하는 정도는 생각해 볼 수 있다.

그렇다면, 음과 양의 세(勢)와 그 위치가 달라서 결정되는 팔괘가 서로 다른 덕성으로 만나는 경우 수 64가지가 천하의 모든 이치를 담아낸다는데 과연 그럴까? 담아낸다면 어떤 이치로 가능한가를 이해해야 한다. 그것은 결국, 팔괘로 조합되는 64개 괘의 '괘상(卦象)'으로써이다. 이 말을 다르게 표현하면, 팔괘 하나하나마다 고정된 덕성이 있는데 그 덕성 두 가지씩 짝을 이루어 만들어내는 전혀 다른 성품의 새로운 세계가 64가지 괘이다. 이해하기 쉽게 예를 들어서 말하자면, 팔괘 중 하나인 '건(乾)'과 '곤(坤)'이 만나는 경우를 보자. 건이 위로 가고 곤이 아래로 가서 만났을 때(☰)는 천지비괘(天地否卦)가 되고, 반대로 건이 아래로 가고 곤이 위로 가서 만났을 때(☷)는 지천태괘(地天泰卦)가 된다. 여기서 비(否)는 막혀 있음, 불통, 단절 등의 의미로 쓰였고, 태(泰)는 통하다, 편안하다, 크다 등의 의미로 쓰였다. 이처럼, 팔괘의 상(象)과 덕성(德性)이 어떻게 조합되느냐에 따라서 그 의미가 달라질 뿐 아니라, 전혀 다른 성품의 세계가 만들어진다. 따라서 괘명으로부터 시작해서 괘사와 각 효사는 새롭게 만들어진 세계에 대한 의미와 작용상 특징 등을 설명하는 말일 뿐이다. 그 새롭게 만들어진 세계에 대한 덕성을 순서에 무관하게, 다만, 괘 간의 상관성을 염두에 두고 설명한 것이 바로 「잡괘전(雜卦傳)」인데, 이 비괘(否卦)와 태괘(泰卦)에 관해서는 '否, 泰 反其類也(막힘, 통함은 그 유형을 뒤집은 것이다)'라 설명했다.

여기까지 보면, 팔괘, 팔괘의 덕성, 64개의 괘상과 64개의 괘사, 384개의 효사 등은 우리에게 거의 일방적으로 주어진 조건들이다. 그렇다면, 의심의 여지 없이 받아들이는 팔괘와 그 덕성과 괘사와 효사는 과연 믿을 만한 것인가? 특히, 괘· 효사(卦·爻辭)가 천하의 모든 이치를 부족함 없이 설명해 주는 가? 이런 의문을 가져봄직도 한데 이를 의심하거나 질문하는 사람 역시 보지 못했다.

나는 64개 괘의 괘·효사를 읽으면서 어떤 근거로 이들이 붙여졌으며, 붙여진 괘·효사는, 그리고 이를 설명하는 「단사(彖辭)」와 「상사(象辭)」는 과연 어떤 일관성 위에서 붙여졌으며, 그것이 합당한가를 의심하곤 했다. 그렇다면, 현시점에서 최소한 괘사와 효사가 어떤 원리로 붙여졌는지에 대해서만큼은 가능한 범위 내에서 설명되어야 한다고 생각한다. 물론, 나머지 문제들도 연구 대상이 되어야 함은 당연하다.

괘의 의미는 괘상(卦象)으로부터 나오는 것이 분명하다. 그러니까, 여섯 개의 음양 부호의 위치와 상호관계로써 그 의미가 창출되는데 그 의미는 괘명(卦名)으로써 일차 부여되고, 괘사(卦辭)로써 이차 부여된다. 그런데 64개의 괘명을 보면, 상하(上下) 괘가 무엇인지를 알리고, 그 둘이 결합해서 만들어지는 새로운 세계가 어떤 성격의 것인지를 글자 한 자(字) 내지는 두 자로서 드러내었다. 예컨대, '수뢰준(水雷屯)'이라는 이름의 괘에서 보면, 상괘(上卦)가 물이고 하괘(下卦)가 우레로써 이 둘이 합쳐져 결국 물속에서 우레가 치는 형국으로 우레 시각에서 보면 '물에 막혀 멀리 통하지 못하는 세계'라는 점을 말해주고 있다. 그렇듯, '화수미제(火水未濟)'라는 이름의 괘를 보면, 상괘가 불이고, 하괘가 물로 합쳐져 있어 서로 화합하여 일하기가 어려운 상황을 '미제(未濟: 아직 물길을 건너지 못했다, 아직 일을 끝내지 못했다)'라는 말로 드러내었다. 한마디로 말해, 불 위에 물이 아니라 물 위에 불이 놓인 까닭으로 쉽게 물을 끓일 수 없는 상황이다. 이처럼, 모든 괘는 하괘를 중심으로 해석하는데 그 이유인즉 하괘를 내괘(內卦)라고 하여 구축되는 새로운 세계의 중심으로 보기 때문이다.

그렇다면, 괘사는 어떤 원리로 붙여졌는가?

수뢰준(水雷屯)의 괘사는 "元, 亨, 利, 貞 : 勿用有攸往, 利建侯."이고, 화수미제(火水未濟)의 괘사는 "亨 : 小狐汔濟, 濡其尾, 无攸利."이다. 그러니까, 준(屯)은 "근원, 형통함, 이로움, 곧음 : 갈 곳이 있어도 가지 말고, 제후를 세우는 것이 이롭다."이고, 미제(未濟)는 "형통함 : 어린 여우가 물길 건너기를 그만두다, 그 꼬리를 물에 적시니 이로울 게 없다"가 된다. 전체 64

개의 괘사 가운데 두 개의 괘사만을 읽었는데 이 두 괘사를 통해서 괘사의 공통점이랄까, 그 특징을 말할 수 있을까? 물론, 있다.

64개의 괘는 재료[材]인 팔괘가 서로 만나서 조성하는, 구축하는 새로운 세계이다. 이 새로운 세계는 음양(陰陽)이 서로 작용함으로써 부리어 놓는 시대적 상황이다. 그러니까, 사람이 인위적으로 만들어놓는 환경이 아니다. 사람으로서는 어쩔 수 없이 받아들여야 하는, 사람에게 주어지는 운명적 굴레 같은 것이다. 그것은 음양 곧 천지가 만들어놓기 때문이다. 많은 사람이 괘(卦)를 때[時]로 이해하는데 이해되는 바 없지 않다. 이처럼, 괘가 가지는 본질적 의미가 있기에 '괘사(卦辭)'라고 하는 것은 천지가 부리어 놓거나 부리어 놓을 수 있는 상황 하나하나에 대한 총체적 성격, 곧, 전체적인 특징을 반영해서 사람(군자)에게 맞추어 해주는, 한마디 조언(助言) 같은 말이라고 나는 판단한다.

그렇다면, 효사(爻辭)는 어떤 원리로 붙여졌으며, 어떻게 읽어야 하는가? 바로 이 문제가 역(易)의 핵심 중 핵심이다. 수뢰준(水雷屯)의 효사를 읽어 보겠다.

初九, 磐桓, 利居貞, 利建侯.

초구, 배회함이니, 바르게 머무름이 이롭고, 제후가 되어야
이롭다.

**六二, 屯如邅如, 乘馬班如. 匪寇婚媾, 女子貞不字, 十年乃
字.**

육이, 어렵사리 배회하는 꼴이니, 말에 올라타 머뭇거림과 같
다. 도둑이 아니고 혼인의 짝을 구하나, 여자가 마음이 곧아
서 시집가지 않고, 십 년이 되어서야 마침내 시집가 아이를
낳는다.

六三, 即鹿无虞, 惟入于林中, 君子几, 不如舍, 往吝.

육삼, 아무런 생각 없이 사슴을 쫓아 나아가니, 홀로 숲속에
들어감이라. 군자가 기미를 알아차리고서도 멈추지 않음과
같으니, 나아가면 크게 후회한다.

六四, 乘馬班如, 求婚媾, 往吉, 无不利.

육사, 말을 타고서 머뭇거림이니, 혼인의 짝을 구하러, 가면
길하고, 불리할 게 없다.

九五, 屯其膏, 小貞吉, 大貞凶.

구오, 그 은혜가 막히어, 작은 일은 바르고 길하나, 큰일은 바르더라도 흉하다.

上六, 乘馬班如, 泣血漣如.
상육, 말을 타고 머뭇거림이니, 피눈물이 물 흐르듯하다.

위 효사(爻辭) 내용만 읽으면 괘명(卦名)과 괘사(卦辭)가 지닌 함의(含意)에서 벗어나지 않음을 확인할 수 있다. 막힘과 어려움이라는 '준(屯)'의 의미와 부합된다는 뜻이다. 그렇다면, 위 여섯 개의 효사를 무슨 근거로 이렇게 '비유적인 화법'으로 붙였을까? 물론, 그것은 괘상(卦象)의 음양으로 도식된 효(爻)를 보고서일텐데 마치 육효가 사람인 양 인성(人性)을 부여하여 인간사의 특정 정황으로 바꾸어 설명하고 있다. 효(爻)가 무엇이길래 이런 일이 가능하단 말인가? 원점에서부터 다시 생각해 보자.

수뢰준(水雷屯)의 괘상(卦象)이다. 위 여섯 개의 효를

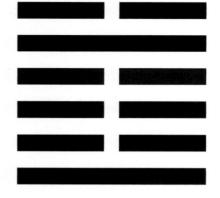

'준(屯)'이라는 이름으로 막혀 뚫고 나아가기가 어려운 상황에 놓인 여섯 명 혹은 여섯 부류의 사람들이라고 하자. 그런데 이 준(屯)의 어려운 상황은 그 여섯 명의 사람에게 동시에 나타나는 게 아니라 순서대로 나타나 전개되는 단계 곧 과정을 밟는다. 그 상황이 여섯 단계로 변화한다는 뜻이다. 그래서 '다가옴을 아는 것을 일컬어 占이라'고 했다는 계사 상 제5장의 말이 성립된다.

초효(初爻)부터 상효(上爻)까지 변해가는 상황 속에서 각 효가 처한 여건을 설명해야 하는데 그보다 앞서 전제해 두어야 할 것이 하나 있다. 그것은 하괘(下卦)인 우레는 위로 작용하고 상괘(上卦)인 물은 아래로 작용한다는 점이다. 이를 전제로 각 효의 단계적 상황을 결정짓는 여건들을 따져보자.

초구효(初九爻)는, 양(陽) 자리인데 양효(陽爻)가 자리해서 '정위(正位)'했다고 한다. 바르게 자리했다는 뜻이다. 양(陽=君子, 男子)이기에 욕구가 강하고, '준난(屯難)'이라고 하는 시대적 상황이 시작되는 첫 단계이다. 이 효는 천둥소리를 내며 앞장서서 올라가고자 하나 상괘(上卦)인 물에 막혀있고, 그 물 중에서도 강력한 구오효(九五爻)한테 가로막혀 있다. 이 효가 처한 정황을 두고 효사에서는 '배회함이니, 바르게 머무름이 이롭고, 제후가 되어야 이롭다'라고 했다. 비록, 일방적으로 주어진 말이긴 하지만 어느 정도는 이해된다. 이럴 때는 차라리 움직이지 말고 가만히 머물러 있으면서 사람을 쓰는 것이 이로울 수 있으니 말이다.

　육이효(六二爻)는, 하괘(下卦) 안에서 사람을 상징하는 효로서 중도(中道)를 얻었는데 음 자리에 음효가 자리했기에 정위했으며, 소위, 유중(柔中)을 이루었다. 그러나 상괘(上卦)에서 정위(正位)하고 강중(剛中)을 이룬 구오효의 짝으로서 순종해야만 한다. 이 효가 처한 정황을 효사에서는 '어렵사리 배회하는 꼴이니, 말에 올라타 머뭇거림과 같다. 도둑이 아니고 혼인의 짝을 구하나, 여자가 마음이 곧아서 시집가지 않고, 십 년이 되어서야 마침내 시집가 아이를 낳는다'라고 했다. 혼구(婚媾)를 빗대어서 말했으되 결단력보다는 우유부단(優柔不斷)하지만 신중함을 보인다.

　육삼효(六三爻)는, 양 자리인데 음효가 왔기에 부정위(不正位)했고, 중도(中道)를 지나친 자리이기에 자만하기 쉬운 자리이다. 이 효가 처한 정황을 효사에서는 '아무런 생각 없이 사슴을 쫓아 나아가니, 홀로 숲속에 들어감이라. 군자가 기미를 알아차리고서도 멈추지 않음과 같으니, 나아가면 크게 후회한다'라고 했다. 이 역시 어느 정도 부합된다.

육사효(六四爻)는, 음 자리에 음효가 와서 정위(正位)했고, 중도(中道)를 얻지 못한, 상대적으로 미숙한 자리이다. 강중(剛中)한 구오효에 이끌리는 형국이다. 이 효가 처한 정황을 효사에서는 '말을 타고서 머뭇거림이니, 혼인의 짝을 구하러, 가면 길하고, 불리할 게 없다'라고 했다. 그렇다면, 육사효가 원하는 혼인 상대는 누구인가? 가까이 있어서 이끌리는 구오효인가? 아니면, 멀리 있지만 짝인 초구효인가? 상괘(上卦)가 아래로 작용한다는 대원칙을 전제한다면 초구효가 될 것이다. 하지만 가까이 있는 구오효 때문에 그 마음이 오락가락하는 상태라고 판단된다. 이렇게 해석하면, 이 효사 또한 어느 정도 부합된다.

구오효(九五爻)는, 양 자리에 양효가 와서 정위했고, 강중(剛中)을 얻은 효로서 의욕적으로 일할 수 있는 여건에 있다. 순종하는 육이효도 있고, 이웃하는 효 간에도 친하게 지낼 수 있는 관계이다. 이 효가 처한 정황을 효사에서는 '그 은혜가 막히어, 작은 일은 바르고 길하나, 큰일은 바르더라도 흉하다'라고 했다. 여건이 아주 좋음에도 불구하고 큰일은 흉하고 작은 일이 길하다는 것인데 이는 막혀서 어려운 시대라는 점이 반영된 것 같고, 그만큼 조심스럽게 처신하라는 뜻일 것이다.

상육효(上六爻)는, 음 자리에 음효가 자리해서 정위했고, 둔난이 끝나는 자리이다. 짝과도 호응하지 못하고, 중도를 지나친 자리이기에 교만한 자리인 데다가 강중을 이룬 구오효와 가깝게 지낼 수도 있기에 더더욱 오만해질 수 있다. 이 효가 처한 정황을 효사에서는 '말을 타고 머뭇거림이니, 피눈물이 물 흐르듯하다'라고 했다.

이렇게 주어진 효사를 보면, 효 하나하나가 서로 다른 여건과 서로 다른 위치에 머무는 사람으로 여겨져 있다. 쉽게 말하면, 이들 효 하나하나가 '준난(屯難)'이라고 하는 어려운 시대적 상황에 공동운명체처럼 처해 있으나 그 구체적인 여건과 정황은 다르다. 이 다름은 음양의 부호로 도식된 효 간의 관계이고, 그 위치 곧, 자리에서 비롯된다. 그런데 그 구체적인 정황은 한결같이 인간의 일상사 속 중대사(重大事)를 통해서 비유적으로 표현된다는 점이다. 이 수뢰준에서는 '혼구(婚媾)', '사냥'이 동원되었듯이 64개의 괘에서는 제사(祭祀), 정벌(征伐), 옥사(獄事), 언행(言行), 강 건너기, 대인(大人) 만나기, 음주(飲酒), 식생활(食生活), 인재(人才) 양성(養成), 절약(節約), 생활 도

구인 수레·솥·활 사용, 널리 알려진 동식물 생태(生態), 겸손(謙遜), 구휼(救恤), 믿음[信=孚] 등을 포함하여 당대 일상과 긴밀히 관련된 일[事]이고, 쓰이는 도구(道具)요, 요구되는 덕목(德目) 등이 동원된다.

그럼, 계사 집필자의 견해가 반드시 옳다고는 볼 수 없지만, 계사 하 제9장에서 말한 것처럼, 초효(初爻)와 상효(上爻), 중효(中爻)인 이효(二爻)와 사효(四爻), 오효(五爻)와 삼효(三爻)의 관계를 적용하여 각 효사를 살펴보자. 그 계사 내용을 환기하는 의미에서 그 내용의 일부를 옮겨 오면 아래와 같으나 이는 사실상 계사전(繫辭傳)에서 유일하게 소개된 효(爻) 읽는 법이기도 하다.

역의 글 됨은, 시작을 근원으로 끝을 구함에 있음이니 이것이 본질이다. 육효가 서로 섞이어 오직 그때의 만물의 (마땅함)이다. 그 처음은 알기 어려우나 그 끝은 알기 쉬운데 (이것이) '본말'이다. 처음의 말씀을 헤아려서 모두 이루어 끝냄이라.

이효와 사효는 공로가 같으나 자리가 다르고, 이효는 좋은 평판이 많고, 사효는 두려움이 많고 (서로) 가까우나 그 장점은 같지 않다. 유가 도가 됨은 무구를 원하기 때문에 불리함을 멀리하는 자로 그

유중을 쓴다. 삼효(三爻)와 오효는 공로가 같으나 자리가 다르다. 삼
효는 흉이 많고, 오효는 공로가 많아서, 귀하고 천함의 차별이 (생
긴다). 그 유는 위태롭고, 그 강이 이기는가.

-계사 하 제9장 일부

위 내용은 우리가 배워서 알고 있는 '효사(爻辭) 읽는 법'과
는 상당히 다르다. 그래서 적이 놀라운데 이 원칙을 받아들
여 수뢰준의 효사를 읽으면 잘 맞아 떨어질까? 효사를 다시
한번 더 읽어 보자.

초구효, 배회함이니, 바르게 머무름이 이롭고, 제후가 되어야 이롭다.
육이효, 어렵사리 배회하는 꼴이니, 말에 올라타 머뭇거림과 같다. 도
둑이 아니고 혼인의 짝을 구하나, 여자가 마음이 곧아서 시집가지 않
고, 십 년이 되어서야 마침내 시집가 아이를 낳는다.
육삼효, 아무런 생각 없이 사슴을 쫓아 나아가니, 홀로 숲속에 들어감
이라. 군자가 기미를 알아차리고서도 멈추지 않음과 같으니, 나아가
면 크게 후회한다.
육사효, 말을 타고서 머뭇거림이니, 혼인의 짝을 구하러, 가면 길하
고, 불리할 게 없다.
구오효, 그 은혜가 막히어, 작은 일은 바르고 길하나, 큰일은 바르더

라도 흉하다.

상육효, 말을 타고 머뭇거림이니, 피눈물이 물 흐르듯하다.

'이효(二爻)와 사효(四爻)는 공로는 같으나 자리가 다르고, 이효는 평판이 좋으나 사효는 두려움이 많다'라고 했는데 위 효사를 보면 어느 정도 맞아 떨어지는 것 같다. 그리고 '삼효(三爻)는 흉이 많고, 오효(五爻)는 공로가 많아서 귀천(貴賤)이 생긴다'라고 했는데 이 역시 어느 정도는 부합한다고 판단된다. 그리고 '처음은 알기 어려우나 그 끝은 알기 쉽다'라고 했는데 이 부분은 64개의 괘 효사를 두루 살펴보아야 할 것 같다. 전체가 한눈에 들어올 때까지 판단을 유보한다는 뜻이다.

'준(屯)'이라고 하는, 막혀서 어려운 시대적 상황은 상괘(上卦)와 하괘(下卦)가 결정하고, 그 상황 속에서 차례로 나타나는 여섯 번의 여건 변화는 각 효의 음양, 그 위치, 상호관계 등이 세 가지 조건이 결정한다. 따라서 괘사는 크게 바뀔 수가 없으나 효사는 현대인의 일상 속 중대사로 바꿔 쓸 수도 있다는 생각이 든다. 어차피, 각 효가 처한 정황을 비유적인 표현으로 드러내면 되니 말이다.

-2021. 07. 14.

계사전 키워드 풀이

1. 易(역)

하늘의 상(象) 곧 하늘의 무늬, 뜻, 의지가 담기는 천하의 이치를 성인(聖人)이 괘효(卦爻)로써 도식하고, 그것에 말씀을 얹어 놓은 것. 역은 근본적으로 천도(天道)를 따르기에 천도와 인도(人道)와 지도(地道)가 포함되며, 卦(괘) + 爻(효) + 辭(사)로 구성된다. 이를 통해서 지나간 것을 드러내고, 오는 것을 살피며, 깊고 고요한 것을 열어서 드러내 보이고, 만물을 분별하기에 군자(君子)는 역의 덕(德)을 존중하고 업(業)을 넓히어야 한다. 업이란 것은 역에 담긴 천하의 이치를 본받아 인간사회에 필요한 문물제도를 만들어 두루 이롭게 하고, 인의예지(仁義禮智)를 실천 구현함에 있다.

2. 卦(괘)

천하의 모든 현상을 낳는 기본 인자로 하늘(天), 땅(地), 우레(雷), 바람(風), 물(水), 불(火), 산(山), 연못(澤) 등 여덟 가지로 상정하고, 이들 여덟 요소가 각기 다르게 갖는 덕성(德性=性情, 性品)을

剛(강), 柔(유), 動(동), 入(입), 險(험), 明(명), 止(지), 兌(태)로 각각 인식하고서 이것을 음과 양의 부호로써 도식하였는데, 바로 이 도식된 모양[象]과 그것에 부여된 의미를 일컬어서 삼효(三爻) 단괘(單卦)라고 한다. 이 여덟 가지 괘를 줄여서 '팔괘(八卦)'라고 부르는데 이 팔괘가 서로에게 영향을 미치며 작용하기 때문에 각기 한 차례씩 만나는 경우 수 64가지를 상정하고, 이를 '64괘'라고 부르는데 각기 다른 의미가 부여되어 있고, 그래서 그 이름과 작용이 다르고, 그 모양도 달라서 육효(六爻) 중괘(重卦)라고 부른다. 따라서 '卦(괘)'라는 것은 천인지(天人地) 삼재(三才)에 나타나는 제 현상의 이치를 담아낸 형상물(그릇)에 말씀을 얹은 것이다.

3. 爻(효)

괘를 구성하는 한 가지 요소로서 음(陰)과 양(陽)을 나타내는 부호(符號)인데 이런 단순한 정의(定意)로는 너무나 불완전하다. 특히, 육효 중괘에서 효의 위치, 상호관계, 세력 등이 작용하여 길흉을 드러내고, 변화(變化), 변통(變通)의 시작과 끝을 드러내 놓는 시간(時間)과 공간(空間)의 영역이기도 하다. 그래서 계사전(繫辭傳)에서는 변하여 바뀌는 것을 그 본질로 삼고, 그에 따른 길흉을 낳는 일로써 효를 설명한다. 그 길흉을 판단하는 일은 효사(爻辭)가 한다.

4. 象(상)

하늘에 드리워진, 만물(萬物) 만상(萬象)을 내어놓으려는 하늘의 뜻, 의지로서 형태(形態)가 없으며 잘 보이지도 않는다. 성인이 하늘의 상(象)을 관찰하여 괘(卦)를 지었다고 함이 이를 뒷받침한다. 계사 상 제12장에서는 "성인이 천하의 깊은 이치를 깨닫고, 그 형용(모양새)을 다 헤아려서 그 만물의 마땅함을 그려냈으니 이를 일컬어 '상(象)'이라 한다."라고 정의하였다. 물론, 이때 상은 괘(卦)를 두고 한 말이다. 그렇듯, 건(乾) 곤(坤)도 다 상이라고 할 수 있다. '상(象)'의 반대말은 '형(形)'이다.

5. 神(신)

계사전에서 '신(神)'이란 글자는 많이 나온다. 9개 장(章)에서 22회 사용되었다. 곧, 계사 상 제4장, 제5장, 제9장, 제10장, 제11장, 제12장, 계사 하 제2장, 제5장, 제6장 등에서이다. 물론, 여기에는 귀신(鬼神:2회), 신물(神物:2회), 신명(神明:3회), 신무(神武:1회)라는 용어도 포함되어 있다. 그렇다면, 계사전(繫辭傳) 집필자가 말하는 신(神)이란 무엇인가? 신에 관한 개념을 유추해 볼 수 있는 단서는 주로 계사 상에 있는데 신이 하는 일은 변화(變化)를 주관한다(계사 상 제9장). 그래서 제5장에서는 "헤아릴 수 없는 음양의 변화"를 신이라고 했다. 따라서 신이 하는 일은 방향이 따로 없다고도 했다. 미치지 아니하는 곳이 없다는 뜻이다(제4

장). 그러니까, 인간이 명료하게 인지할 수는 없으나 분명하게 존재하는 천지의 음양 변화 그 자체가 신이고, 그 변화를 주관한다고 여겨지는, 인간으로서는 대면할 수 없는 형이상의 이치(理致)라고 말할 수 있다. 바로 여기에 해당하는 것이 '귀신(鬼神)'이다.

6. 占(점)

'점'이라는 용어는 계사전(繫辭傳)에서 모두 네 차례 쓰였다. 계사 상 제2장, 제5장, 제10장, 계사 하 제12장에서이다. 예로부터 주역을 점서(占書)로 활용해 왔고, 오늘날까지도 그 맥이 이어져 오고 있는데 계사전에서는 이 점을 어떻게 이해했을까? 계사 상 제9장에서 언급된 것처럼 '점대(蓍草) 50개로써 일정한 절차로 괘를 짓고, 괘·효사를 통해서 다가오는 상황을 판단하는 일[占事: 계사 하 제12장]'이 곧 점이다. 계사 상 제2장에서는 군자가 익혀야 하는 것이 점이고(玩其占), 계사 상 제5장에서는 수를 다하여 다가옴을 앎을 '점'이라고 했다(極數知來之謂占). 그리고 계사 상 제10장에서는 점치는 일은 점대로써 한다(以卜筮者尙其占)는 것까지 기록되어 있다. 따라서 역(易)으로써 점을 친다는 것은, 현재 내가 처한 시대적 상황이 어떠한 것인지를 스스로 지은 괘(卦)로써 받아들이고, 그 괘(卦) 안에서 차례로 일어나게 되는 정해진 작은 상황이라고 하는 변수들이 육효(六爻)에 해당한다. 이를 받아들이고서 자신에게 앞으로 다가오는 길흉을 예단하는 것이 바로 역에서 말하는 실질적인 점이다. 더 간단히 줄여서 말하자면, 현재 나에게 해당하는 괘효를 확인하고, 그 괘·효사를 통해서 길흉을 판단하는 일이다. 혹자가 말한 것처럼 미래를 예측하려는 욕망이 반영된 행위이며, 동시에 불확실성에서 확실성을 구하려는 불안의식이 표출되는 행위이다.

7. 道(도)

'도(道)'라는 용어가 계사전에서 20회 이상 사용되었다. 물론, 건도(乾道), 지도(地道), 삼극지도(三極之道), 군자지도(君子之道), 소인지도(小人之道), 성인지도(聖人之道), 일월지도(日月之道), 천하지도(天下地道), 변화지도(變化之道), 천지지도(天地之道), 천도(天道), 인도(人道), 지도(地道), 역도(易道), 유지도(柔之道) 등 다양한 이름의 도를 두루 다 포함해서이다. 그 도의 이름은 실로 다양하나 사실상 이들이 하나의 도를 설명하는 말들일 뿐이다. 따라서 '음양(陰陽) = 건곤(乾坤) = 천지(天地) = 일월(日月) = 강유(剛柔)'라는 등식을 먼저 이해할 필요가 있다. 기본적으로 계사전에서 말하는 '도'라는 것은 '음(陰)과 양(陽)의 변화(變化)와 그 작용(作用)'을 일컬으며(계사 상 제5장), 그것은 형이상자(形而上者: 계사 상 제12장)로서 변하고 움직이어서(계사 하 8장) 만물(萬物) 만상(萬象)을 내어놓는 근원적 실체이다.

8. 事(사) & 業(업)

음(陰)과 양(陽)이 서로 밀고 나아감 혹은 끝없이 오고 감을 '통(通)'이라고 하고, 그 음과 양의 조화로움 혹은 건곤이 문을 열고 닫음을 '변(變)'이라고 한다(계사 상 11장). 서로 변하여 통하는, 陰(음)과 陽(양)의 作用(작용)을 '변통(變通)' 혹은 '통변(通變)'이라고 부르는데 이것을 일컬어 '事(사)'라고 한다. 소위, 도(道)가 하는 일이 곧 사(事)요, 사람이 하는 일이 곧 업(業)이다. 그러니까, 음양 곧 천지, 건곤이 하는 일을 본받아 군자가 인의예지(仁義禮智)를 닦고 널리 밝히고 실천하는 것이 업이라는 뜻이다. 부연하자면, 괘효를 통해서 백성이 실천하도록 하는 것까지를 업이라고 한다. 이것이 주역의 핵심 내용이기도 하다.

9. 器(기)

'器(기)'라는 용어는 계사전에서 모두 10회 사용되었는데 도(道)가 형이상자(形而上者)라면 이 기(器)는 형이하자(形而下者)이다(계사 상 제12장). 음양의 변통으로 드러나는 것을 상(象)이라고 한다면 그 상을 형상화한 것이 바로 기(器)이다(계사 상 제11장). 따라서 기(器)에는 괘효를 비롯하여 활과 화살 등 생활 도구까지도 포함된다(계사 상 제8장, 하 제5장).

10. 乾(건) & 坤(곤)

계사전에서 '乾坤(건곤)'이라는 키워드는 매우 중요하다. 그만큼 많이 쓰였을 뿐 아니라 역(易)의 본질이기 때문이다. 사람의 눈으로 볼 수 있는 공간으로서 하늘을 '天'이라 하고, 땅을 '地'라고 한다. 그 하늘과 그 땅이 서로 작용하여 만물을 낳는데 그 보이지 않지만 존재한다고 믿는 그 주체적 성품을 '건(乾)'과 '곤(坤)'이라는 이름으로 불렀다. 그러니까, 성품이 부여된, 하늘이 건이고, 땅이 곤이라는 뜻이다.

계사전에서 도(道)를 음양(陰陽)의 작용이라고 했듯이, 역(易)을 건곤(乾坤)의 작용으로 이해했다. 그래서 건곤은 역의 문(門)이자 본질(本質)이다. 그래서 건과 곤에 대해서 많은 얘기를 한다. 곧, 건은 양(陽)이요 남자(男子)요, 강(剛)이요 건(健)이요, 대(大)요 사(事)라면, 곤은 음(陰)이요 여자(女子)요, 유(柔)요 순(順)이요, 광(廣)이요 업(業)이다. 이처럼 서로 다른 성품을 지닌 건곤의 작용과 그 이치를 가시적으로 드러내 놓은 것이 역의 괘(卦), 효(爻), 사(辭), 변(變)이다.

따라서 역(易)이 곧 도(道)요, 건곤(乾坤)이 곧 음양(陰陽)이라는 뜻인데 간과해서는 안 될 것이 하나 있다. 그것은, '하늘'이라고 부른 그 하늘에는 해와 달과 별이 있고, 그런 공간이며, 그 공간에서 가장 중요한 요소는 역시 해[日], 달[月], 별[星]이다. 하늘의 이들이 작용하여 땅 위로 낮과 밤을 부리고, 사시(四時)를 어김없이 부려놓는다는 것을 음양의 작용으로 가장 중요하게 인식했다. 그래서 주역 단사(彖辭)에서 주야(晝夜) 변화(變化)와 사시(四時) 불특(不忒)이 강조되고, 계사전에서는 건곤의 성품(性品)과 작용(作用)을 설명하는 내용이 수없이 언급된다. 바로 그 내용을 근거로 건곤의 성품을 설명하는 용어 일람표를 만들어 보이면 301쪽에 있는 것과 같다.

11. 數(수)

계사전(繫辭傳)에서는 '數(수)'라는 단어가 네 군데에서 모두 아홉 번 정도 쓰였다. 그 문장을 가려내면 아래와 같다.

①極數知來之謂占(계사 상 제5장).

수를 다하여 다가옴을 앎을 '점'이라 한다.

②天數, 地數, 凡天地之數, 大衍之數, 萬物之數也(계사 상 제9장). 천수, 지수, 범천지지수, 대연지수, 만물지수

③參伍以變, 錯綜其數, 通其變, 遂成天下之文, 極其數, 遂定天下之象(계사 제10장).

다섯 번 변하는 절차를 세 차례 (되풀이 하여 한 효를 만들고), 그 수를 모으고 섞어서 그 변화에 통함으로써 마침내 천하의

문채(이치)를 이루고, 그 수를 다하여 마침내 천하의 상(괘)이 정해진다.

④古之葬者, 厚衣之以薪, 葬之中野, 不封不樹, 喪期无數(계사 하 제2장).
옛적엔 장례라는 것은 들 가운데에서 지냈는데 두꺼운 옷 [수의(襚衣) 대신에] 잡풀로써 덮고 나무로써 덮어 봉하지도 않고, 그 장례 기간도 (따로) 없었다.

흔히, '역도(易道) = '象(형상) + 辭(말씀, 문장) + 數(숫자)'라고들 말한다. 이때 '상(象)'이라고 하는 것은 음양을 부호로써 도식한 괘효(卦爻)를 말하고, '사(辭)'라고 하는 것은 괘사(卦辭)와 효사(爻辭)를 말한다. 그리고 '수(數)'라는 것은 숫자로써 천지(天地)의 이치 곧 음양의 작용을 설명했다는 말이다.

일반적으로, 수(數)에는 셈, 산법, 역법, 일정한 수량이나 수효, 등급, 이치, 도리, 규칙, 예법, 정세, 꾀, 책략, 기술, 재주, 솜씨, 운명, 운수, 수단, 방법 등의 뜻으로 쓰이고, 세다, 계산하다, 셈하다, 헤아리다, 조사하여보다, 책망하다 등의 뜻으로도 쓰인다. 물론, 자주 '삭'으로도 읽히고, 촘촘할 '촉'으로도 읽히긴 한다. 그러나 일상에서 '數'라고 하면, 단순히 숫자를 의미하고, 운수(運數)

를 뜻하기도 한다. 그리고 우리가 '천수(天數)'라고 했을 때는 타고난 수명(壽命), 천명(天命), 천운(天運) 등을 뜻한다.

그렇다면, 위 예문에서 보듯이 역에서는 어떤 의미로 쓰였을까? ①에서 '수를 다하다'라는 말은 ③에서 말하는 효(爻)와 괘(卦)를 짓는 절차를 뜻한다. 이 절차는 계사 상 제9장에 나오는데, 사실은 그 설명이 온전하지 못하다. 생략된 내용이 많아서 엉거주춤 말하다가 그만둔 것 같은 느낌이 든다. 그래서 그 설명만으로는 괘(卦) 짓는 방법을 설명할 길이 없기에 별도의 글로써 시초로 괘를 짓는 법을 밝히겠다.

여하튼, 계사전에서 '數(수)'라는 것은, 이렇게 정리 설명할 수 있을 것 같다. 곧, 천지 변화를 음양의 부호로써 도식하여 효(爻)를 표시하였고, 그 효 여섯 개로써 괘(卦)를 결정지었듯이, 양효(陽爻)를 일획(一劃)으로 음효(陰爻)를 이획(二劃)으로 구분한 것으로부터 시작해서 양수(陽數=奇數=홀수) 음수(陰數=偶數=짝수)를 구분하고, 천수(天數)와 지수(地數)를 구분하고, 범천지지수(凡天地之數)에 대연지수(大衍之數), 그리고 천책(天策)과 곤책(坤策), 만물지수(萬物之數) 등을 상정하고, 시초(蓍草)로써 괘를 짓는 절차상에서 태극(太極), 육효지변(六爻之變), 양의(兩儀), 삼재(三才), 사상(四象), 사시(四時), 윤달 등을 고려하는 것까지 천지의 모든 움직임을 숫자로써 드러내 설명한다는 점이다. 더 줄여서 말한다면, 시초로써 효를 차례로 지어 괘를 결정짓는 절차를 숫자로써 한다는 점이다. 그래서 이 수(數)는 점(占)과 같이 쓰이는 경향이 있다.

12. 變化(변화) & 生成(생성)

역(易)에서는 '변(變)이 없으면 역이 아니다' 할 정도로 '변'이 전제된다. '변(變)'이라는 단어가 계사전 24개 장에서 무려 33회나 사용되었는데 그만큼 '변'이 중요하다는 뜻이다. 하도(河圖) 낙서(洛書)에서 보면, 음(陰)이 양(陽) 되는 것을 '변(變)'이라 하고, 양(陽)이 음(陰) 되는 것을 '화(化)'라고 구분해서 썼다. 이뿐만 아니라, 변하여 생기는 것을 '생(生)'이라 했고, 화하여 생기는 것을 '성(成)'이라고 했다. 변화와 생성이 역에서 처음 나왔다는 뜻이다. 그것도 변과 화를 구분해서 썼고, 생과 성을 구분해서 사용했다는 점은 가히 놀랄 만하다. 특히, 변(變)은 변과 화를 통합해서 쓰이기도 하는데 독자적으로, 혹은 '변화(變化), 변통(變通), 통변(通變), 변동(變動)'이라는 일련의 용어로도 쓰였다. 음과 양이 작용하려면, 다시 말해, 천지(天地)가 작용하려면 서로 통해야 하고, 움직이어야 하고, 달라져야 하는데 이것이 곧 변이고 화이며, 그것의 결과가 생(生)이고 성(成)이라는 뜻이다. 바로 이 변화와 생성의 이치를 담은 것이 육효(六爻)이고, 그것을 설명한 것이 효사(爻辭)이다.

[설괘전에 의한 팔괘 의미와 덕성을 분별하는 도표]

구분 \ 팔괘	乾	坤	震	巽	坎	离	艮	兌
상(象)	☰	☷	☳	☴	☵	☲	☶	☱
양효/음효 (수)	3/0	0/3	1/2	2/1	1/2	2/1	1/2	2/1
양효/음효 (획수의 합)	3/0 (3)	0/6 (6)	1/4 (5)	2/2 (4)	1/4 (5)	2/2 (4)	1/4 (5)	2/2 (4)
이명(異名)	天	地	雷	風	水	火	山	澤
상호관계 (相互關係)	定位		相薄		不相射		通氣	
덕성(德星)·1	君	藏	動	散	潤	日以烜之	止	說
덕성(德星)·2	健	順	動	入	陷	麗	止	說
동물비유	馬	牛	龍	鷄	豕	雉	狗	羊
신체비유	首	腹	足	股	耳	目	手	口
가족비유	父	母	長男	長女	中男	中女	少男	少女
방위(方位)	西北	西南	正東	東南	正北	正南	東北	正西
각종 상징어	설괘전(說卦傳) 제1장 참조 : 21페이지 참조.							
참고사항	① 괘의 획수(양효+음효)와 가족비유는 양괘와 음괘를 구분하는 척도임. ② 8괘에 해당하는 각종 상징어는 설괘전 제1장에서 설명됨으로 생략하였음. ③ 동물 비유에서 '乾=龍, 坤=牝馬' 라고 단사에 언급되어 있는데 이는 설괘전의 내용과 다르다.							

이시환 작성 ⓒ 2021.07.05.

13. 천지수(天地數) & 대연지수(大衍之數)

'천지수(天地數)'와 '대연지수(大衍之數)'라는 낯선 용어는 주역(周易) 계사(繫辭) 상편(上篇) 제9장에 나온다. 곧, "天一, 地二;天三, 地四;天五, 地六;天七, 地八;天九, 地十. 天数五, 地数五, 五位相得而各有合;天数二十有五, 地数三十, 凡天地之数五十有五, 此所以成変化而行鬼神也. 大衍之数五十, 其用四十有九."에서이다. 이를 이해하기 쉽게 풀어서 설명하자면, 이러하다. 1에서 10까지의 숫자를 놓고서 홀수인 1, 3, 5, 7, 9 이상 다섯 개의 숫자를 '천수(天數)'라 하고, 짝수인 2, 4, 6, 8, 10 이상 다섯 개의 숫자를 '지수(地數)'라고 한다. 그래서 천수 각각의 합이 25가 되고, 지수 각각의 합이 30이 된다. 이 천수와 지수의 총합이 25+30=55가 되는데 이를 두고 '천지수(天地數)'라고 한다는 것이다.

그런데 인용문에서 보다시피, '대연지수(大衍之數) 50'이라는 말이 나온다. 이 대연지수가 천지수인 55가 되지 않고, 돌연 50이라고 한 것이다. 이 뜬금없는 '50'이라는 숫자는 과연, 어디서 온 것일까? 이 문장을 대하는 순간 의심스러워지듯이 다른 사람들도 의심스러웠던지 예부터 이 50에 대해서 말이 많았던 것 같다.

경방(京房:기원전77~기원전37. 西漢學者)은 10일(日), 12진(十二辰), 28개 별자리(28宿)의 합(合)이라 했고, 소옹(邵

雍:1011~1077, 北宋哲學家)은 천수 각각의 합인 25의 배수라고 했다. 그런가 하면, 마융(馬融:79~166, 東漢儒家學者)은 태극+음양×2=5, 4時, 5行, 12月, 24節氣 등의 합으로 해석했다. 또 그런가 하면, 주희(朱熹:1130~1200, 宋代理學家)는 하도(河圖)의 중궁(中宮)에 있는 오방(五方:동·서·남·북·중)의 5×10=50이라고 했다. 김경방(金景芳:1902~2001, 역사학자, 吉林大學 교수)은 '大衍之数五十有五'에서 '有五'두 자(字)가 고서(古書)에서 탈자(脫字)되었다고 했다. 또 그런가 하면, 혹자는 하도(河圖)의 수 55에 낙서(洛書)의 수 45를 합하면 100이 되는데 이를 2로 나누어서 된 50이 대연지수라고 주장하기도 하고, 또 천지수 55에서 하도의 중앙수인 5를 빼서 된 50이 대연지수라고 한다.

이러한 정황으로 미루어보면, 단정하여 말하기 어려운데 무엇보다 계사 제9장 원문을 충실하게 해독(解讀)하면, 천지수(天地數) 55를 말한 뒤에 뜬금없이 언급한 대연지수 50은 잘못 표기된 것으로 김경방의 견해가 옳은 것으로 판단되기도 한다. 그런데 아무런 설명이 없는 '대연지수'라는 개념은 크게 움직이어서 크게 펼쳐지는 수(數)라는 뜻이므로 천수인 55에서 중앙의 태극을 상징하는 수 5를 제외한 50이 실제로 움직이는 수(數)로 생각해 볼 수도 있다고 판단되기도 한다.

14. 하도(河圖) 낙서(洛書)

하도(河圖)와 낙서(洛書)는 중국(中國) 고대(古代)로부터 전해 내려오는 '문명(文明)적 도안(圖案)'의 시초로 2014년에 '중국국가급비물질문화유산'으로 등록되었다. 음양(陰陽) 오행술수(五行術數)의 근원으로 알려져 있고, 우주 성상(星象)의 이치를 담고 있다고 한다. 곧, 별자리의 출현 시간, 방향, 계절 등을 담아냈다고 주장하는데, 이 모두를 동의할 수 없으나 분명한 사실은 이 하도 낙서로부터 시작해서 주역(周易)의 팔괘(八卦)가 나오고, 오방(五方) 오행(五行)이 나오며, 점차 천간(天干), 십이지(十二支), 28별자리, 황도 12궁과도 관련지어 해석하는 노력이 이어져 나타났다는 점이다.

어쨌든, 하도(河圖)는 황하(黃河)에서 나왔고, 낙서(洛書)는 낙수(洛水)에서 나왔다고 전해지는데 이 황하와 낙수는 지금의 하남 낙양(洛陽) 지역으로 알려져 있다. 이는 전설적으로 내려오는 이야기에 근거해서 하는 말이기에 크게 신경 쓸 필요가 없다고 보이며, 중요한 것은 하도(河圖)에서는 1~10까지의 수(數)를 천지(天地) 생성수(生成數)로 삼고, 낙서(洛書)에서는 1~9까지의 수를 천지(天地) 변화수(變化數)로 삼았다고 하며, 하도 수의 합은 55요, 낙서 수의 합은 45이다. 그리고 하도 수와 낙서 수의 합은 100이라는 객관적 사실이다.

그림에서 보다시피, 검은 점과 흰점이 상하좌우로 배열되어 있는데, 1에서 10까지의 숫자 가운데 1, 3, 5, 7, 9 홀수는 흰점으로, 2, 4, 6, 8, 10 짝수는 검은 점으로 각각 표시되었다. 그리고 동·서·남·북·중 오방(五方)과 남(南)·북(北)·서(西)·동(東)에 각각 건(乾)·곤(坤)·감(坎)·리(離)를 배치한 것으로 보면, 처음 발견된 하도 낙서가 아님이 분명하지만 이를 토대로 이 하도낙서에 부여한 의미들을 유추해 낼 수 있을 것 같다.

하도(河圖)에 그려진 모양[象]과 수(數)를 가지고 연구한 사람들에 의하면 여러 가지 의미가 들어있다는데 그것을 소개하자면 이

[하도낙서]

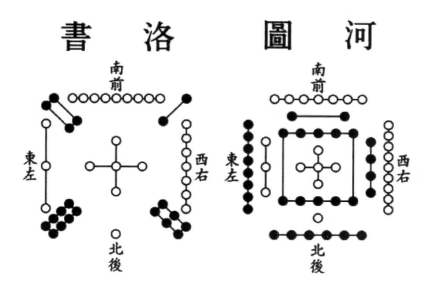

러하다.

① **천지지수**(天地之數) : 1에서 10까지의 수 가운데 1, 3, 5, 7, 9를 양수(陽數), 2, 4, 6, 8, 10을 음수(陰數)라고 하며, 양수의 합은 25요, 음수의 합은 30이다. 음수와 양수의 합은 55가 되는데 이를 고대인은 '천지지수'라고 불렀으며, '귀신(鬼神)'이 이 천지지수를 가지고 변화시켜 '만물지수(萬物之數)'를 만들어낸다고 믿었다. 이때 귀신은 우리가 알고 있는 죽은 사람의 혼령이 아니며, 인간이 그 정체를 분명하게 인지할 수는 없으나 천지 만물을 빚어내고, 운용하는 그 무엇으로서의 실체라고 보면 틀리지 않는다. 천지 만물을 창조하는 신과는 같지 않지만 신묘하게 이루어내고 작용하는 기능이나 능력이 있는 존재라고 봄이 옳다.

② **만물생존지수**(萬物生存之數) : 만물을 구성하는 수(水)·화(火)·목(木)·금(金)·토(土)를 '오행(五行)'이라고 하는데 이 다섯 가지 요소를 만들어내는 1에서 10까지의 수를 말한다. 1에서 10까지의 양수와 음수가 서로 작용하는 이치를 설명하는 내용을 보면 생수(生數)와 성수(成數)로 구분하는데 그 내용이 모호한 면이 없지 않다. 곧, 하늘은 1, 7, 9를 부리어 수(水), 목(木), 토(土)를 낳고, 땅은 6, 8, 10을 부리어 화(火), 금(金)을 낳는다는데 그 부연설명을 보자.

하늘이 1로써 수(水)를 생기게 하면, 땅은 6으로써 이루어 두 번째 불(火)을 생기게 하고, 하늘이 7로써 이루어 세 번째 나무(木)를 생기게 하면, 땅이 8로써 이루어 네 번째 금(金)이 생기게 하고, 하늘이 9로써 이루어 다섯 번째 토(土)를 생기게 하면, 땅은 10으로써 이룬다. 소위, 1은 물이 생기게 하는 수이고, 2는 불이 생기게 하는 수이며, 3은 목이 생기게 하는 수이고, 4는 금이 생기게 하는 수이며, 5는 토가 생기게 하는 수이며, 6은 물을 이루는 수이며, 7은 불을 이루는 수이며, 8은 목을 이루는 수이고, 9는 금을 이루는 수이며, 10은 토를 이루는 수이다. 만물에는 생수(生數)가 있어서 생기고자 하는 때가 마땅하면 어디에서든 생기는 것이고, 만물에 성수(成數)가 있어서 이루고자 할 때 어디에서든 능히 이룬다.

*'생(生)'과 '성(成)'을 구분해 썼고, 이를 합쳐서 '생성(生成)'이란 단어가 나왔다. 그리고 '생수(生數)'와 '성수(成數)'를 구분해서 사용했는데 '낳고 이룸의 차이'로 이해된다. 음(陰)이 변하여 양(陽)이 되는 것을 '변(變)'이라 하고, 양(陽)이 변하여 음(陰)이 되는 것을 '화(化)'라고 하여 '변화(變化)'라는 단어가 만들어졌듯이 말이다.

③ **오행지수**(五行之數) : 오행을 생기게 하는 수로서 수(水) 1, 화(火) 2, 목(木) 3, 금(金) 4, 토(土) 5를 일컫는다. 이를 '소연지수(小衍之數)'라고도 한다. 1, 3, 5 양수의 합이 9인데 이 9를 '양극

지수(陽極之數)'라 하고, 2, 4를 음수의 합이 6인데 이 6을 '음지극수(陰之極數)'라고 한다. 양극지수와 음지극수의 합이 15인데 이를 '음양오행지수(陰陽五行之數)'라고 한다.

④ **대연지수**(大衍之數) : 천지지수 55에서 실제로 쓰이는 수 50인데 이는 5(오행)×10(토의 成數)= 50을 대연지수라고 한다. 또한, 천지지수 55에서 소연지수 5를 뺀 수라고도 한다. 소연지수 5를 천지체수(天地體數)라고 한다면, 대연지수 50을 천지용수(天地用數)라고 한다. 그러나 대연지수 50에서 실제로 사용되는 수는 49이다. 1을 태극을 상징하는 극수(極數)라고 하여 50에서 1을 뺀 49를 사용한다. 이를 보면 이러한 주장이 반드시 옳다고 볼 수도 없다.

⑤ **천간교합지수**(天干交合之數) : 하도지수(河圖之數) 10을 '천간지수(天干之數)'라고 하는데, '교합지수(交合之數)'란 1과 6 공종(共宗), 2와 7 동도(同道), 3과 8 붕(朋), 4와 9 우(友), 5와 10 동덕(同德)이 각각 교합(交合)하는데 이들의 조합이 만물생존지수로서 상호 작용하는 관계이다. 마치, 천간(天干)에서 첫째 甲과 여섯째 己가 합하여 1이 되고, 두 번째 乙이 일곱째 庚과 합하여 2가 되고, 세 번째 丙이 여덟 번째 辛과 합하여 3이 되며, 네 번째 丁이 아홉 번째 壬과 합하여 4가 되며, 다섯 번째 戊가 열 번째 癸

와 합하여 5가 되는 이치와 같다. 천간이 움직이어서 교합이 이루어지고 나면 오행으로 변화함을 나타내고 있다. 그래서 하도(河圖) 오행의 근본이 천간 오행의 작용으로 발전하고, 이로써 하도로부터 오행이 나오는, 바꿔 말해, 역(易)과 오행과의 관계로 확대하여 설명하게 된다.

⑥ **육갑납음지수**(六甲納音之數) : 천지지수 55에 오행지수 5를 합하면 60이 되는데 이를 '갑자오행납음지수(甲子五行納音之數)'라고 한다. 십 천간의 음양과 오행과 만물이 서로 교접하여 같은 기운을 서로 구하고, 같은 소리에 서로 응하여 12종의 소리를 발현하니 이것이 동(東)·서(西)·남(南)·북(北)·중(中) 오방(五方)으로 작용하여 60납음(納音)을 이룬다는 것이다. 이것을 '천지오행성음지수(天地五行聲音之數)'라고 한다.

⑦**하도낙서와 별자리** : 하도낙서와 28별자리는 물론이고 황도(黃道) 12궁과도 밀접한 상관관계가 있다고 주장하며, 주역(周易)의 기초가 되었고, 전체운행의 규칙성을 포괄한다고 주장하지만, 이는 후대의 연구자들이 계속해서 뼈대를 세우고 살을 붙여온 결과로 판단된다. 28별자리는, 중국 고대 천문학자들이 동(東)·북(北)·서(西)·남(南) 방향에 각각 청룡, 현무, 백호, 주작을 배치하고, 이들에 각각 일곱 별자리씩을 배치하였다. 이를 정리하면,

동쪽 청룡에 角宿, 亢宿, 氐宿, 房宿, 心宿, 尾宿, 箕宿을, 북쪽 현무에 斗宿, 牛宿, 女宿, 虛宿, 危宿, 室宿, 壁宿을, 서쪽 백호에 奎宿, 婁宿, 胃宿, 昴宿, 毕宿, 觜宿, 参宿을, 남쪽 주작에 井宿, 鬼宿, 柳宿, 星宿, 张宿, 翼宿, 轸宿을 각각 배치하였다. 반면, 지구의 공전에 따라 보이는 황도(黃道)상의 12별자리는 양자리, 황소자리, 쌍둥이자리, 게자리, 사자자리, 처녀자리, 천칭자리, 전갈자리, 궁수자리, 염소자리, 물병자리, 물고기자리 등이다.

[하도낙서와 별자리]

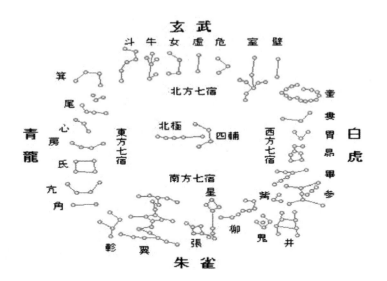

'大衍之數'와 '小衍之數'에 관하여

'大衍之數'라는 용어는 「繫辭傳」에 나오는데 '小衍之數'라는
용어는 周易 본문 어디에도 나오지 않는다. '大衍之數'는 太
極이 다섯 번 움직이면서 '天一'에서 '地十'이 되기까지 생성
되는 陽과 陰의 누적된 數를 합친 50을 일컫는다고 보는 古
書『乾坤譜』의 설명이 힘을 얻는다. 「繫辭傳」집필자도, '河圖·
洛書'에 각종 의미를 부여하면서 추가된 문장, 특히 정중앙에
'中立五極'을 표기한 것도 이『乾坤譜』의 설명을 반영한 것으
로 보인다. 그러나 天地之數 55에서 육효를 상징하는 수 6을
뺀 49라고도 볼 수 있다. 실제로 49개의 시초를 통해서 64괘
를 만들어 내기 때문이다. 그동안 중국에서는 이 '大衍之數'
에 관하여 수많은 '說'들이 쌓여왔다. 다 나름의 이유를 들어
서 설명하지만 어디까지나 주관적인 說일 뿐이다.

'小衍之數'는 '河圖·洛書'에 내장된 수를 설명하면서 易 理論
家들이 말한 용어로, 五行之數, 그러니까, 만물의 근원적 요

소라고 생각한 水·火·木·金·土 五行에 數를 부여하면서 만들어진 개념으로, 1, 2, 3, 4, 5 '生數'를 '五行之數'라 했고, 이 1에서 5 사이에 陽數의 합 9를 '陽極之數'라 하고, 陰數의 합 6을 '陰極之數'라 하는데 이 둘을 합친 수인 15에서 오행의 상징수 5를 뺀 10을 '小衍之數'라 한다. 이 '小衍之數'가 五行을 만들어 내는 數라고 판단했기에 말 그대로 적게 번지는, 바꿔 말해, 작게 움직이는 '小衍'이 되고, 64괘를 만들어 내는 50 또는 49를 '大衍'이라 말하는 것이라고 필자는 판단한다.

주역 개론서

계사전 繫辭傳
우리말 번역 & 핵심내용 집중탐구

초판인쇄	2021년 08월 02일	**초판발행**	2021년 8월 05일
초판 2쇄	2021년 09월 06일		
초판 3쇄	2022년 01월 06일		
2판 1쇄	2023년 06월 20일		

지은이 **이시환**
펴낸이 **이혜숙**   펴낸곳 **신세림출판사**
등록일 1991년 12월 24일 제2-1298호

04559 서울특별시 중구 퇴계로49길 14,
     충무로엘크루메트로시티2차 1동 720호
전화 **02-2264-1972** 팩스 **02-2264-1973**
E-mail : shinselim72@hanmail.net

정가 **20,000원**

ISBN **978-89-5800-234-5, 03150**